I0074333

ORDONNANCE

POUR RÉGLER LE SERVICE

DANS LES PLACES

ET

DANS LES QUARTIERS.

DU 1ᵉʳ. MARS 1768.

Collationnée sur l'Edition du Louvre, et accompagnée d'une Table analytique des Matières.

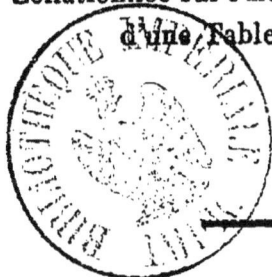

[Library stamp: BIBLIOTHÈQUE ...]

A PARIS,

Chez MAGIMEL, LIBRAIRE POUR L'ART MILITAIRE,
RUE DAUPHINE, Nᵒ. 9.

1814.

40875

ORDONNANCE

Pour régler le service dans les Places et dans les Quartiers.

Du 1er. Mars 1768.

SA MAJESTÉ, voulant régler définitivement le service des troupes dans les places et dans les quartiers, relativement à la nouvelle composition qu'il leur a donnée, elle a ordonné et ordonne ce qui suit.

TITRE PREMIER.

Du commandement dans les provinces, dans les places et dans les quartiers.

ART. 1er. Les gouverneurs et lieutenans-généraux des provinces, lorsque Sa Majesté leur permettra d'exercer leur charge, y auront la même autorité, chacun dans leur département, que si elle leur avoit fait expédier un ordre ou commission expresse pour y commander.

2. Lesdits gouverneurs et lieutenans-généraux des provinces, veilleront à en contenir les habitans dans l'obéissance qu'ils doivent à Sa Majesté, et à les faire vivre entre eux en bonne union.

Ils contiendront pareillement les gens de guerre en bon ordre et discipline; ils commanderont aux officiers-généraux employés dans l'étendue de leur gouvernement, et aux troupes qui y passeront ou séjourneront, et tiendront la main à l'exécution de ce qui est réglé pour le logement et autres fournitures qui devront leur être faites.

Ils en visiteront les places, pour veiller à leur garde et conservation.

Ils assembleront les troupes en cas de besoin, et non

1*

autrement ; les garnisons établies par Sa Majesté ne devant être changées que sur ses ordres, et dans les cas de nécessité absolue, qu'en lui en rendant compte sur-le-champ.

Ils jouiront au surplus de toute l'étendue des pouvoirs qui leur seront donnés dans les provisions que Sa Majesté leur aura fait expédier.

3. Les officiers-généraux auxquels Sa Majesté fera expédier des commissions ou ordres pour commander dans une province, en l'absence des gouverneurs ou lieutenans généraux, y auront la même autorité que celle qui est attribuée ci-dessus aux gouverneurs et lieutenans généraux des provinces, tant sur les habitans que sur les gens de guerre, à moins que Sa Majesté ne jugât à propos de restreindre leur commandement aux seuls gens de guerre.

4. Les officiers-généraux et brigadiers qui seront employés dans les provinces par lettres de service, auront la même autorité dans les places du district de leur commandement, que les gouverneurs ou lieutenans de roi desdites places, et lesdits gouverneurs ou lieutenans de roi des places seront tenus, sous peine de désobéissance, de se conformer à ce que lesdits officiers-généraux ou brigadiers leur prescriront concernant le service des troupes, et de leur en rendre compte. Lesdits gouverneurs et lieutenans de roi seront chargés du détail de leur place, sous l'autorité des commandans, qui ne le leur pourront ôter sans des raisons les plus fortes, desquelles ils seront tenus d'informer sur-le-champ le secrétaire d'état ayant le département de la guerre ; lesdits gouverneurs ou lieutenans de roi devant conserver le détail et l'exécution du commandement, même en présence desdits officiers-généraux ou brigadiers, mais subordonnément à eux.

Si lesdits officiers-généraux ou brigadiers sont employés dans le plat-pays, ils n'y auront d'autorité que sur les troupes ; l'intention de Sa Majesté étant qu'ils ne commandent aux habitans que dans les places de guerre seulement.

5. S'il se trouvoit dans le même district ou dans la

même place plusieurs officiers - généraux ou brigadiers employés, le commandement appartiendroit à l'officier-général supérieur ou plus ancien en grade, de manière cependant que si un brigadier devoit avoir le commandement, celui d'infanterie eût la préférence sur celui de cavalerie ou de dragons, et le commandant de ladite place ne rendra compte qu'à l'officier-général ou au brigadier qui aura le commandement.

6. Lorsque les généraux d'armées ayant en même temps pouvoir de commander sur la frontière, enverront un des officiers-généraux employés sous leurs ordres, dans une place de cette frontière qui seroit menacée de siége, avec un ordre par écrit pour y commander, ledit officier-général commandera dans ladite place comme s'il avoit un ordre de Sa Majesté à cet effet; et le gouverneur, commandant ou lieutenant de roi de ladite place sera tenu de se conformer à ses ordres, à peine de désobéissance : Sa Majesté autorisant, dans ces circonstances, lesdits généraux d'armées à étendre ou à restreindre le pouvoir qu'ils donneront auxdits officiers-généraux, suivant qu'ils le jugeront convenable au bien de son service.

7. Les inspecteurs-généraux d'infanterie, de cavalerie et de dragons étant dans les places, avec un ordre pour faire l'inspection des troupes de la garnison, y jouiront, pendant le temps que durera leur inspection, des honneurs attachés à leur grade, quoiqu'ils n'aient point de lettres de service, et donneront le mot, s'ils s'y trouvent les premiers ou les plus anciens en grade, à la réserve cependant du cas où ils se trouveroient dans une même place avec le commandant en chef de la province, mais lesdits inspecteurs ne pourront prétendre aucun commandement dans les places ni sur les troupes; et lorsqu'ils voudront faire prendre les armes aux troupes pour en faire la revue, ils seront tenus d'en avertir le commandant de la place, qui ne pourra s'y opposer sans des raisons dont il rendra compte sur le champ au secrétaire d'état ayant le département de la guerre, et au commandant en chef de la province.

8. Les gouverneurs des places y commanderont sous

l'autorité des gouverneurs et lieutenans-généraux, ou du commandant de la province.

Ils ordonneront aux habitans du gouvernement, même à ceux des villes et villages, s'il y en a qui en dépendent, et aux gens de guerre qui y seront, ce qu'ils devront faire pour le service de Sa Majesté; et ils tiendront la main à la tranquillité parmi les habitans, à la discipline des troupes, à l'exactitude dans le service, à la subordination et aux exercices, en se conformant néanmoins, à l'égard des officiers-généraux, à ce qui leur est prescrit par l'article 4.

9. Les commandans particuliers que Sa Majesté jugera à propos d'établir dans les places, reconnoîtront l'autorité du commandant en chef de la province, en se conformant aussi, à l'égard des officiers généraux employés, à ce qui est prescrit par l'article 4.

10. Les officiers-généraux ou brigadiers employés, et les gouverneurs ou commandans des places, ne pourront entreprendre sur les droits de la justice ordinaire, ni même s'entremettre dans les matières contentieuses; devant se contenter de prêter main-forte aux juges des lieux quand ils en seront requis, et de présider aux conseils de guerre (à l'exception de ceux tenus par les corps qui ont leur justice particulière), pour connoître de tous les crimes commis entre les gens de guerre: voulant Sa Majesté que les habitans soient toujours renvoyés devant le juge ordinaire; à la réserve des cas de trahison ou autres qui pourroient regarder la sureté de la place ou du pays, dans lesquels cas les habitans qui y seront intéressés, devront être jugés au conseil de guerre.

11. En l'absence des gouverneurs ou commandans des places, les lieutenans de roi y auront la même autorité qu'eux.

12. Les majors de places y commanderont au défaut et en l'absence des gouverneurs, commandans et lieutenans de roi.

13. Lorsqu'il ne se trouvera pas dans une place de guerre d'officier pourvu d'un pouvoir de Sa Majesté pour y commander, le commandement appartiendra à

l'officier des troupes françaises de la garnison, soit d'infanterie, de gendarmerie, de cavalerie ou de dragons, qui aura le grade supérieur; et à grade égal, à l'officier d'infanterie du plus ancien régiment français, quand même il se trouveroit seul avec sa compagnie ou un détachement; et ce, par préférence à tous les officiers des régimens de nation étrangère, même d'un grade supérieur à celui de l'officier français, et en attendant qu'il ait été établi un commandant par Sa Majesté, ou par les généraux de ses armées.

14. Les officiers-généraux et les brigadiers qui n'auront point de lettres de service, n'auront aucun commandement à prétendre en cette qualité.

15. Il en sera de même des officiers qui auront obtenu des commissions de colonel, de mestre-de-camp, de lieutenant-colonel, de major et de capitaine, lesquels ne pourront faire de service dans les places que suivant le grade des emplois dont ils seront pourvus dans les troupes, ni prétendre d'autre rang pour y commander; à la réserve cependant des aide-majors des régimens qui auroient obtenu la commission de capitaine, lesquels rouleront avec les capitaines en pied, suivant l'ancienneté de leur commission de capitaine.

16. Quant à tous ceux qui auront des commissions de colonel, mestre-de-camp, lieutenant-colonel, major, capitaine, lieutenant ou sous-lieutenant, sans être attachés à aucune troupe, et à tous les officiers réformés à la suite des places, ils ne pourront faire aucun service dans lesdites places, ni prétendre aucun rang pour y commander.

17. Les aide-majors des places, auxquels Sa Majesté n'aura pas fait expédier d'ordre pour commander en l'absence du major ou autres officiers supérieurs, n'y commanderont qu'après tous les capitaines et avant tous les lieutenans, à moins qu'ils n'aient obtenu, pendant le temps de leur service dans les troupes, la commission de capitaine; auquel cas, ils rouleroient avec les autres capitaines pour le commandement, suivant l'ancienneté de leur commission.

18. Tous les capitaines des portes, pourvus par Sa

Majesté, seront à l'avenir connus sous la dénomination de sous-aide-majors des places ; ils continueront d'être chargés de l'ouverture et de la fermeture des portes ; ils aideront les aide-majors des places dans leurs fonctions, et ils commanderont après tous les lieutenans et avant tous les sous-lieutenans.

19. L'ordre établi pour le service des places sera ponctuellement suivi, excepté dans les cas de guerre et de siége, ainsi qu'il est prescrit par les articles 3 et 4 du titre VIII. Les commandans des provinces, dans des cas urgens et de nécessité, auront seuls l'autorité d'y faire les changemens que les circonstances exigeront ; bien entendu qu'ils en rendront compte, sur le champ, au secrétaire d'état ayant le département de la guerre, pour prendre les ordres de Sa Majesté.

20. Tous les officiers des troupes de Sa Majesté, de quelque grade qu'ils puissent être, et ceux étant sous leurs ordres, comme aussi les officiers d'artillerie, les ingénieurs, et généralement tous autres militaires, reconnoîtront les officiers-généraux dans le district desquels ils se trouveront, les gouverneurs, commandans, lieutenans de roi, et autres officiers de l'état-major des places où ils seront, soit en garnison, soit en y passant avec leurs troupes, et seront tenus de leur obéir en ce qui concernera leurs fonctions, telles qu'elles sont détaillées. Entendant cependant Sa Majesté que les ordres qu'elle jugera à propos de donner aux ingénieurs, soient adressés au chef du corps des ingénieurs par le secrétaire d'état ayant le département de la guerre, auquel seul ils rendront compte de l'exécution des ordres qu'ils auront reçus.

21. Lorsque les troupes se trouveront dans des quartiers, villes ou lieux où il n'y aura pas d'état-major, on se conformera, pour le commandement et le détail du service, à ce qui est prescrit au titre XXXIII.

TITRE II.

Du service des officiers-généraux employés et des états-majors.

Art. 1ᵉʳ. En vertu des pouvoirs accordés par le titre premier, aux officiers-généraux employés, ils veilleront spécialement à la police, discipline, subordination, tenue et aux exercices des troupes qui seront dans le district de leur commandement.

Ils tiendront là main à ce que le service se fasse dans les places, en temps de paix, avec la même exactitude qu'à la guerre et dans les camps.

Ils exécuteront et feront exécuter avec le plus grand soin ce qui est prescrit par la présente ordonnance.

Ils rendront compte de tous ces objets au secrétaire d'état ayant le département de la guerre, et au commandant en chef de la province.

2. Les gouverneurs ou commandans des places tiendront la main, subordonnément aux officiers-généraux employés, à tout ce qui est prescrit par l'article premier.

Ils prêteront main-forte pour l'exécution des décrets de la justice toutes les fois qu'ils en seront requis.

Ils veilleront à ce que tous les officiers, soldats, cavaliers ou dragons qui seront dans les hôpitaux, y vivent en bon ordre, conformément aux ordonnances rendues pour lesdits hôpitaux.

Ils soutiendront les employés des fermes dans leurs fonctions, et leur donneront un officier-major de la place pour les accompagner, lorsqu'ils voudront faire leurs visites dans les casernes ou autres logemens des soldats.

Ils ne pourront s'absenter que conformément à ce qui est réglé par les art. 11 et 12 du présent titre.

3. Les officiers-majors des places ne feront entre eux aucun arrangement qui puisse nuire à la célérité et à l'exactitude du service, et, pour cet effet, dans les places où il n'y aura qu'un officier de chaque grade, un

1**

d'eux ne pourra jamais être chargé par mois ni par semaine des fonctions auxquelles ils doivent tous également contribuer, chacun pour ce qui les concerne.

4. A l'égard des places plus considérables où il y aura plusieurs aide-majors et sous-aide-majors, le commandant distribuera entre eux, le plus également qu'il sera possible, le soin de l'ouverture et de la fermeture des portes, et tous les détails du service.

5. Il partagera pareillement entre eux les différens quartiers de la ville, afin que chacun d'eux, prenant une connoissance particulière de la partie qui lui sera assignée, y veille plus efficacement à la police, au bon ordre et à la régularité des gardes qui s'y trouveront.

6. Un des aide-majors sera alternativement de semaine pour remplacer le major dans toutes les fonctions auxquelles il ne pourra vaquer, ce qui ne dispensera pas cet aide-major du soin de la police du quartier qui lui aura été affecté.

7. Les aide-majors et sous-aide-majors se trouveront tous les matins chez le major de la place, pour l'informer de ce qui se sera passé pendant la nuit dans leur quartier, ou le matin à l'ouverture des portes, et pour recevoir ses ordres.

8. Le major se rendra ensuite chez le commandant de la-place, et lui rendra les mêmes comptes, et en même temps celui des rondes et des patrouilles qui auront été faites pendant la nuit.

9. Le commandant de la place se rendra chez l'officier-général dans le département duquel sera comprise ladite place, pour lui rendre les mêmes comptes et recevoir ses ordres, si ledit officier-général réside dans la place : s'il n'y réside pas ; le commandant lui rendra compte, par écrit, le premier jour de chaque mois, de tout ce qui se sera passé dans la place pendant le mois précédent, concernant le service, la discipline et les exercices des troupes qui y seront en garnison, bien entendu cependant qu'il l'informera sur-le-champ des événemens extraordinaires qui l'exigeront.

10. Toutes les fois que les officiers de l'état-major des places se mettront à la tête d'une troupe, soit pour

la conduire ou pour lui faire quelques commandemens, ils seront tenus d'avoir l'épée à la main.

11. Les gouverneurs des places sujets à résidence, et les commandans des villes, citadelles et châteaux, ne pourront s'en absenter pour plus de quatre jours, sans un congé signé de Sa Majesté, et contre-signé du secrétaire d'état ayant le département de la guerre; lequel congé leur sera accordé sur la demande qui en sera faite audit secrétaire d'état par le commandant en chef de la province.

12. Lesdits gouverneurs et commandans des places ne pourront même s'en absenter pour un jour en quelque cas que ce puisse être, si le lieutenant de roi ou le major de la place n'y est présent, et en état de commander en leur absence.

13. Les autres officiers de l'état-major des places seront assujettis aux mêmes règles pour faire autoriser leur absence, et seront de plus obligés de demander la permission au commandant de la place.

TITRE III.

De l'arrivée des troupes dans les places.

ART. 1er. Lorsqu'un régiment d'infanterie, de cavalerie ou de dragons devra arriver dans une place pour y tenir garnison, un aide-major, le quartier-maître et tous les fourriers partiront à l'avance du dernier logement, pour s'y rendre.

2. En arrivant, l'aide-major ira prendre les ordres du commandant de la place pour l'établissement du régiment dans ladite place.

3. Après avoir pris les ordres du commandant, si le régiment doit être logé chez les habitans, l'aide-major préviendra les officiers municipaux de l'arrivée du régiment.

4. Le quartier-maître remettra en même temps auxdits officiers municipaux un état du nombre des offi-

ciers, sous-officiers (1), soldats, cavaliers ou dragons du régiment, en leur présentant la route, au dos de laquelle devra être transcrit l'extrait de revue du commissaire des guerres pour régler le logement.

5. Si le régiment doit être caserné, il occupera le quartier du régiment ou de la troupe qu'il relèvera.

6. Si cependant il y a dans la place plusieurs quartiers vides, il pourra choisir celui qui lui conviendra le mieux, eu égard au nombre de bataillons ou d'escadrons dont il sera composé; et quand il y sera établi, il n'en pourra être déplacé à l'occasion de l'arrivée d'un autre régiment, que dans le cas où il seroit nécessaire de resserrer le logement pour lui faire place.

7. Si plusieurs régimens arrivent ensemble dans une même place, ils tireront au sort le quartier que chacun d'eux devra occuper, eu égard au nombre de bataillons ou d'escadrons dont ils seront composés, sans que le plus ancien puisse prétendre de choisir, les régimens des colonels-généraux de la cavalerie et des dragons seulement devant avoir cette préférence sur les régimens des mêmes corps.

8. Quand les troupes devront être logées dans les casernes ou pavillons, le quartier-maître ou autre officier-major ira avec le major de la place, le commissaire des guerres et un ingénieur, faire la visite desdites casernes et pavillons, et voir s'il n'y manque rien; si les portes, fenêtres, vitres, serrures, bancs, tablettes au pain, et autres ustensiles servant auxdits pavillons et casernes, et appartenant au roi, sont en bon état; et il sera dressé du tout, par le commissaire des guerres, un procès-verbal dont chacun d'eux gardera une copie, signée de tous quatre, pour être représenté lors du départ du régiment: il en sera fait une cinquième copie, qui sera remise au commissaire des guerres pour l'envoyer à l'intendant de la province.

9. Pendant que le quartier-maître s'occupera de l'é-

_____

(1) Sa Majesté, dans son ordonnance du 12 mai 1814, a adopté la dénomination de *sous-officiers*.

tablissement de la troupe, l'aide-major ira au-devant du régiment, pour porter à l'officier qui le commandera les ordres qu'il aura reçus du commandant de la place.

10. Le régiment étant arrivé près de la place, se mettra en bataille au pied du glacis ; et, pendant cette halte, on fera rajuster les parties de l'armement, de l'habillement et de l'équipement.

11. Si les troupes doivent être fouillées par les commis des fermes, on fera, pendant cette halte, ouvrir les rangs et poser les armes à terre, chaque sous-officier et soldat ayant son havresac devant lui ; alors trois commis des fermes passeront en même temps, un devant chaque rang, accompagnés d'un officier-major du régiment, et visiteront successivement les havresacs et même les habits, s'ils soupçonnent que les soldats aient de la contrebande sur eux ; et les officiers feront arrêter ceux dans les habits et équipages desquels il s'en sera trouvé.

Il en sera usé de même à l'égard des troupes de cavalerie ou de dragons, en observant de faire mettre les cavaliers et les dragons pied à terre à la tête des chevaux, chaque cavalier ou dragon ayant son portemanteau devant lui.

Les valets et équipages des troupes seront visités de même par les employés des fermes, en présence d'un officier major.

12. Lorsque le régiment sera prêt à entrer dans la place, le major ou un aide-major de ladite place qui se trouvera à la première barrière pour le recevoir, se mettra à sa tête, et le conduira sur la place d'armes.

13. La troupe marchera dans le plus grand ordre, les officiers étant à pied, le fusil à la main, les tambours battant *aux champs* et les soldats portant les armes.

Les troupes de cavalerie et de dragons marcheront de même, ayant le sabre à la main, les timbaliers, les trompettes et les tambours battant ou sonnant *la marche.*

14. Aucune femme de soldat, ni aucuns valets,

chariots et chevaux d'équipage, ne se mêleront avec la troupe lorsqu'elle entrera dans la place : on aura l'attention de les faire marcher tous ensemble, à cent pas derrière elle.

15. La troupe arrivée sur la place d'armes, s'y mettra en bataille, faisant face au corps-de-garde, autant que cela se pourra.

16. Le commandant de la place sera tenu de se trouver à l'arrivée de ladite troupe sur la place d'armes.

17. Lorsque le régiment sera en bataille, le commandant de la place ordonnera de battre un ban et de faire les défenses portées au titre IV.

18. Les bans étant publiés, on tirera les gardes, si la troupe est indispensablement obligée d'en fournir ce jour-là.

19. A l'égard des régimens de cavalerie et de dragons, ils ne fourniront de garde à cheval le jour de leur arrivée dans une place, que dans un cas de guerre ou dans des circonstances extraordinaires ; et s'ils doivent fournir des gardes à pied, elles ne seront tirées que lorsque la troupe aura été établie dans ses logemens, et les chevaux dans les écuries.

20. Tous ces objets remplis, le commandant de la place ordonnera de faire entrer le régiment dans ses quartiers ou logemens.

21. Alors on enverra, dans l'ordre prescrit par les ordonnances de l'exercice, les drapeaux, étendards ou guidons au logement du commandant du régiment, et le régiment défilera ensuite par compagnie devant le commandant de la place, et se rendra à son quartier ou à ses logemens.

22. Le quartier-maître et les fourriers se trouveront sur la place d'armes au moment que le régiment s'y mettra en bataille, pour distribuer les billets de logement et y conduire les troupes.

23. Le major de la troupe remettra en arrivant, et ensuite tous les mois, au commandant de la place, un état exact de la force effective dudit régiment, compagnie par compagnie, avec le nombre, le nom et les grades des officiers présens, et de même ceux des offi-

ciers absens , les raisons de leur absence et le lieu où
ils seront.

24. Le major d'un régiment de cavalerie ou de dragons comprendra sur cet état le nombre de chevaux
de chaque compagnie qui seront présens, et celui des
chevaux éclopés qui seront restés en arrière, avec le
nom des officiers, sous-officiers, cavaliers ou dragons qu'on aura laissés avec eux pour en prendre soin.

25. Le commandant de la place enverra un double
dudit contrôle au commandant de la province, qu'il
instruira dans la suite du retour des officiers absens,
et du départ de ceux qui s'absenteront.

26. Tous les détachemens qui arriveront dans des
places pour y tenir garnison, se conformeront à ce qui
est réglé par les articles précédens pour l'entrée des
régimens dans lesdites places.

TITRE IV.

Des bans qui doivent être battus à la tête des troupes.

A𝚛𝚝. 1ᵉʳ. A l'arrivée d'une troupe dans une place, soit
pour y tenir garnison ou y passer seulement, le commissaire des guerres, ou à son défaut, celui que le
commandant de la place préposera à cet effet, publiera
à la tête de ladite troupe un ban pour défendre, sous
les peines portées par les ordonnances, à tous soldats,
cavaliers et dragons de s'éloigner de la place au-delà
des limites qui leur seront indiquées, de mettre le
sabre ou la baïonnette à la main dans la place ou hors
de la place, d'y commettre aucun vol ou désordre dans
les maisons, jardins et autres lieux des environs.

Dans les places où les troupes ne devront pas être
casernées, il sera défendu de s'établir en d'autres logemens que ceux portés par leurs billets, sous peine
de quinze jours de prison, et de rien exiger de leur
hôte qu'un lit garni pour deux, place au feu et à la
chandelle.

2. Il sera pareillement défendu aux officiers de chan-

ger. leur logement sans permission , et de rien exiger de leur hôte au-delà de ce qui sera prescrit, et ils seront responsables des dommages ou des désordres causés par les soldats , cavaliers ou dragons de leurs compagnies, quand , par négligence ou par tolérance , ils les auront soufferts.

3. Le commandant de la place fera ajouter à ces défenses celles qu'il jugera nécessaires , relativement aux circonstances et au service particulier de la place.

4. Il sera dressé et publié un autre ban par les soins du commissaire des guerres , portant injonction aux habitans qu'en cas de contravention aux défenses sus-dites , ils aient à le venir déclarer incontinent et porter leur plainte d'abord au commandant de la troupe , et ensuite , en cas de refus de justice de sa part , au com-mandant de la place , pour en être fait justice sur le-champ ; faute de quoi il en sera dressé , par les offi-ciers municipaux , un procès-verbal que le premier d'entr'eux sera tenu d'envoyer au secrétaire d'état ayant le département de la guerre et à l'intendant de la généralité , à peine auxdits officiers municipaux de répondre des dommages que les particuliers auront soufferts impunément.

5. Les peines attachées à chaque délit seront tou-jours spécifiées dans la publication des bans.

6. Les commissaires des guerres tiendront la main à ce que les officiers municipaux donnent connoissance aux habitans des défenses qui auront été faites , afin qu'aucun n'en prétende cause d'ignorance.

TITRE V.

Du logement.

Art. 1er. Toutes les troupes d'infanterie, de cava-lerie, de dragons ou autres qui auront reçu des ordres de Sa Majesté, pour loger dans quelques bourgs, vil-lages, places frontières ou villes de l'intérieur du royaume, soit qu'elles n'y fassent que passer ou qu'elles doivent y rester en garnison, seront logées dans les pavillons ou casernes, s'il y en a, soit que lesdits pavillons ou casernes appartiennent à Sa Majesté ou qu'ils aient été faits aux frais des villes et communautés : l'intention de Sa Majesté étant qu'aucun officier, sous-officier, soldat, cavalier ou dragon ne puisse être logé chez l'habitant qu'après que toutes les chambres desdits bâtimens, destinées à chaque grade, auront été remplies.

Défend à cet effet Sa Majesté d'employer lesdits pavillons ou casernes à d'autres usages qu'à ceux de leur destination, et qu'il n'y soit logé personne que ses troupes : enjoignant Sa Majesté aux gouverneurs et lieutenans-généraux de ses provinces, et à ceux qui y commanderont en leur absence, d'y tenir exactement la main, et aux ingénieurs d'informer sur le-champ le secrétaire d'état ayant le département de la guerre, des abus qui pourroient se commettre à cet égard.

2. Dans tous les lieux où il n'y aura ni pavillons ni casernes, ou lorsque lesdits pavillons ou casernes seront occupés par les troupes de la garnison, les troupes arrivantes seront logées chez les habitans, nonobstant tous priviléges, concessions et ordonnances à ce contraires, en quelque province ou pays qu'ils aient eu lieu jusqu'à ce jour ; Sa Majesté les annullant et révoquant par la présente, pour le fait du logement seulement.

3. Dans toutes les villes du royaume, sans exception, et dans les bourgs et villages sujets aux logemens des troupes, les maire et échevins ou chefs des communautés feront (si fait n'a été) numéroter toutes les maisons sans réserve, de manière qu'en commençant par le numéro premier dans un quartier quelconque desdites villes, bourgs ou villages, la maison de la droite soit marquée du nombre premier ; celle ensuite du nombre 2 ; la troisième du nombre 3, et ainsi des autres, en suivant de rue en rue : et dans le cas où l'on bâtira de nouvelles maisons dans les emplacemens vides, on les marquera du même numéro que la maison précédente, avec le mot *bis* : enjoignant

Sa Majesté aux intendans des provinces d'y tenir exactement la main.

4. Pour prévenir à l'avenir les contestations qui pourroient s'élever à l'égard des logemens, entre les troupes et les habitans des places ou quartiers, aussitôt la présente ordonnance reçue, le commandant et le major de la place, le commissaire des guerres, le maire ou principal officier municipal de la ville feront une visite exacte des maisons sujettes au logement, et feront marquer à la porte, sur un écriteau de fer-blanc, le grade de ceux qu'ils auront jugé pouvoir y loger convenablement ; et pareillement dans l'intérieur de chaque maison les portes des chambres destinées au logement : les propriétaires ou principaux locataires desdites maisons ne pourront ôter lesdits écriteaux ni les changer, sous peine de cinq cents livres d'amende, applicable à l'hôpital du lieu, sur les ordonnances des intendans des provinces, et de plus forte punition en cas de récidive : les gouverneurs et lieutenans-généraux des provinces, et en leur absence, les commandans dans lesdites provinces, et les intendans en icelles, tiendront la main, chacun en ce qui le concerne, à l'exécution du présent article.

Dans les lieux où il n'y aura point d'état-major ni de commissaires des guerres, ce qui leur est prescrit par cet article sera exécuté par un des premiers officiers de la principale juridiction de l'endroit.

5. Les commandans et les majors des places, en assistant à la visite prescrite par l'art. 4, ne décideront en aucune manière sur les logemens, devant se borner dans cette visite à examiner si les logemens qu'on marque à un officier, sous-officier ou aux soldats, cavaliers ou dragons sont convenables aux grades des officiers et au nombre des sous-officiers, soldats, cavaliers ou dragons qui doivent les occuper.

6. Après cette visite, il sera dressé par le commissaire des guerres un état général de logement, divisé en huit classes, contenant chacune les logemens propres à être occupés par ceux qui y sont désignés, savoir :

Les lieutenans-généraux dans la première classe.

Les maréchaux-de-camp dans la seconde.

Les brigadiers, colonels ou mestres-de-camp dans la troisième.

Les lieutenans-colonels et les majors dans la quatrième.

Les capitaines, les aide-majors, les officiers ou quartiers-maîtres chargés de la caisse, et les chirurgiens-majors dans la cinquième.

Les lieutenans, sous-aide-majors, sous-lieutenans, porte-drapeaux, porte-étendards, porte-guidons, les quartiers-maîtres qui ne seront point chargés de la caisse, et les aumôniers dans la sixième.

Les fourriers, sergens, maréchaux-des-logis et tambours-majors dans la septième.

Et les caporaux, brigadiers, soldats, cavaliers, dragons, tambours, timbaliers et trompettes dans la huitième.

Il sera marqué sur cet état le nombre et l'espèce des chambres destinées, dans chaque maison, au logement des troupes ; il en sera fait six copies, signées chacune par le commandant, le major de la place, le commissaire des guerres et le maire ou principal officier municipal de la ville, lesquels en garderont chacun une, pour y avoir recours en cas de plainte, soit de la part des troupes, soit de la part des habitans.

La cinquième expédition sera déposée à l'hôtel-de-ville pour servir à faire l'assiette des logemens, et la sixième sera remise ou envoyée par le commissaire des guerres à l'intendant de la province.

7. Les officiers municipaux feront part au commissaire des guerres des variations qui pourront arriver par le changement des habitans, afin qu'il en fasse note sur l'état qui restera entre ses mains.

8. Les commissaires des guerres et les officiers municipaux qui marqueront les logemens destinés pour chaque classe, ordonneront que lesdits logemens soient mis et maintenus dans l'état convenable.

9. Lorsqu'en exécution de l'ordonnance du 5 juillet 1765, les villes voudront convertir le logement en argent, les officiers-généraux employés et les autres officiers de tout grade seront tenus de se loger, au moyen des sommes fixées par ladite ordonnance.

10. Quand les villes ne voudront pas convertir le

logement en argent, ou que les officiers généraux employés, ou autres, marcheront avec des divisions de
troupes, il leur sera fourni des logemens désignés
pour leur classe, tels qu'ils sont prescrits ci-après.

11.Le logement d'un lieutenant-général sera de quatre
grandes chambres garnies et un cabinet, tant pour lui
que pour ses deux aides-de-camp, une chambre garnie
pour son secrétaire, une cuisine, des chambres et lits
suffisans pour coucher ses domestiques de deux en
deux, et les écuries nécessaires pour le nombre de
chevaux permis à son grade.

12. Le logement d'un maréchal-de-camp sera de trois
grandes chambres garnies et un cabinet, tant pour lui
que pour son aide-de-camp, une cuisine, des chambres et des lits suffisans pour coucher ses domestiques
de deux en deux, et les écuries nécessaires pour le
nombre de chevaux fixé à son grade.

Il sera de plus fourni à chaque maréchal-de-camp
qui sera en même temps inspecteur, une chambre
garnie avec un lit pour son secrétaire.

13. Le logement de chaque colonel ou mestre-de-
camp et lieutenant-colonel brigadier, sera de trois
chambres garnies, une cuisine et des chambres et lits
suffisans pour coucher ses domestiques de deux en
deux, et des écuries nécessaires pour le nombre de
chevaux fixé à leur grade.

14. Le logement de chaque colonel ou mestre-de-
camp qui ne seront pas brigadiers, sera le même que
celui des brigadiers ; il ne leur sera fourni des écuries
que pour le nombre de chevaux fixé à leur grade.

15. Le logement de chaque lieutenant-colonel ou
major consistera en deux chambres garnies, une cuisine et des chambres et lits suffisans pour coucher leurs
domestiques, et des écuries nécessaires pour le nombre
de chevaux accordés à leur grade.

16. Les ustensiles de cuisine seront fournis par les
hôtes aux officiers-généraux conduisant des divisions,
et aux officiers supérieurs qui marcheront avec leur
régiment ; mais dans les lieux de résidence, garnisons
ou quartiers, les officiers-généraux et supérieurs s'en

pourvoiront à leurs dépens ; et en aucun cas les hôtes ne fourniront le bois ni le linge de table.

17. Il sera donné à chaque capitaine une chambre avec un lit, et une autre chambre avec un lit pour son valet.

18. Il sera donné aux lieutenans, sous-lieutenans, porte-drapeaux, porte-étendards, porte-guidons, une chambre à deux lits pour deux, et un cabinet avec un lit pour leurs valets ; les commandans des régimens tiendront la main à ce que les officiers de la même compagnie soient logés le plus à portée de leur troupe qu'il sera possible ; et le lieutenant et le sous-lieutenant ensemble, autant que cela se pourra.

19. Les aide-majors et les sous-aide-majors seront logés seuls, chacun dans une chambre, ainsi que le quartier-maître ou tout autre officier chargé du détail de la caisse du régiment.

20. Il sera de plus fourni aux officiers d'infanterie, en temps de guerre seulement, et aux officiers de cavalerie, de dragons ou de troupes légères, soit en temps de paix, soit en temps de guerre, des écuries pour le nombre de chevaux réglé, dans l'un ou l'autre cas, pour chaque grade.

21. Lorsqu'il n'y aura pas d'écuries en nombre suffisant chez le bourgeois, les chevaux pourront être mis dans les écuries des casernes destinées à la cavalerie, qui se trouveront vacantes ; bien entendu qu'on mettra dans chaque écurie autant de chevaux qu'elle pourra en contenir, à raison de trois pieds pour chaque cheval.

22. Il sera donné à chaque ingénieur ordinaire du roi, lorsque son logement ne sera pas fixé en argent, une chambre bien claire pour la facilité de son travail, avec un cabinet, autant qu'il sera possible, et une autre chambre avec un lit pour son valet.

23. Les habitans des places qui auront des officiers logés chez eux, fourniront à chaque capitaine, lieutenant ou sous-lieutenant et autres officiers subalternes, un lit garni d'une housse entière, d'une paillasse, deux matelas ou un seul avec un lit de plume, un traversin, deux couvertures de laine l'hiver et une l'été, des draps

tous les quinze jours en été, et de trois semaines en trois semaines pendant l'hiver, une table, trois chaises, une armoire ou commode fermant à clef, un porte-manteau pour pendre les habits, un pot-à-l'eau et un plat, deux serviettes par semaine; et en outre un lit de valet composé d'une paillasse, un matelas, un traversin, une couverture de laine et des draps tous les mois.

24. Lesdits habitans fourniront pour les fourriers, sergens ou maréchaux-des-logis, soldats, cavaliers ou dragons, un lit pour deux, garni d'une paillasse remplie de paille, d'un matelas ou bien d'un lit de plume, suivant les facultés, une couverture de laine, un traversin, des draps tous les vingt jours, deux chaises ou un banc, une table, et place au feu et à la chandelle.

Les fourriers, sergens ou maréchaux-des-logis ne coucheront dans aucun cas avec les soldats, cavaliers ou dragons.

25. Les troupes devant faire ordinaire par chambrée, les hôtes qui logeront les soldats, cavaliers ou dragons de chaque chambrée, lorsque la troupe sera en garnison, seront tenus de supporter alternativement l'embarras de l'ordinaire de ladite chambrée, sans être obligés de fournir les ustensiles de cuisine; mais quand la troupe ne fera que passer, les hôtes fourniront, indépendamment de la place au feu et à la chandelle, aux officiers des compagnies, aux sous-officiers, soldats ou cavaliers et dragons, les pots, plats, assiettes et autres ustensiles de cuisine.

26. Le logement et les fournitures de lits fixés pour les valets des officiers seront augmentés en temps de guerre, lorsque lesdits officiers seront tenus d'avoir des équipages, à raison de cinq valets pour un capitaine de cavalerie et de dragons, de quatre pour un capitaine d'infanterie, de trois pour un lieutenant ou sous-lieutenant de cavalerie ou de dragons, et de deux pour un lieutenant ou sous-lieutenant d'infanterie.

27. En aucun cas, les hôtes ne pourront être délogés de la chambre et du lit où ils auront coutume de coucher, sans néanmoins qu'ils puissent, sous ce prétexte,

se soustraire à la charge du logement, suivant leurs facultés.

28. Lorsque les troupes devront loger dans les pavillons et casernes, le commissaire des guerres, le quartier-maître et l'entrepreneur se rendront dans les magasins destinés à contenir les fournitures, pour examiner l'état et la qualité desdites fournitures; et après que leur qualité aura été constatée par un état dont chacun d'eux gardera une copie signée de tous trois, l'officier-major ou le quartier-maître y fera prendre par les soldats, cavaliers ou dragons qu'il aura menés avec lui, celles qui seront nécessaires, dont il donnera son reçu audit entrepreneur.

29. Les officiers qui seront logés aux pavillons donneront pareillement à l'entrepreneur ou à son commis une reconnoissance des meubles, fournitures et ustensiles qui leur auront été livrés.

30. On ne pourra se servir de ces fournitures que dans les chambres et quartiers assignés aux troupes, et pour le seul usage des compagnies.

31. Lorsque les troupes devront loger chez les habitans, tous les officiers seront tenus de donner à leurs hôtes des reçus de toutes les fournitures qui auront été faites, tant pour eux que pour les sous-officiers, soldats, cavaliers ou dragons de leur compagnie, ainsi que pour leurs valets, afin que, lors du départ du régiment, lesdits reçus puissent constater les dédommagemens qui devront être payés pour tout ce qui aura été perdu ou détruit.

32. Tous les gens de guerre, de quelque grade qu'ils soient, ne pourront rien exiger de leur hôte au-delà de ce qui est réglé ci-dessus.

33. Lorsque le régiment devra être logé chez le bourgeois, les maire et échevins se rendront à l'hôtel-de-ville pour procéder en diligence à la répartition du logement, en conformité de la revue de route qui leur aura été présentée par l'officier-major ou le quartier-maître qui sera venu au logement.

34. Les officiers municipaux feront le logement de la troupe avec le commissaire des guerres qui devra en

avoir la police ; et si le commissaire est absent, ils le feront seuls, et lui en remettront à son retour un contrôle signé d'eux.

35. Les officiers qui auront été envoyés à l'avance au logement, ne pourront se mêler en aucune manière de l'assiette du logement, ni avoir aucune préférence à cet égard.

36. Dans les lieux où les troupes devront tenir garnison, le logement sera toujours fait sur le pied complet pour toutes les compagnies, et les billets excédant l'effectif, seront réservés à l'hôtel-de-ville par paquets séparés, afin que lorsqu'il arrivera des officiers, sous-officiers, soldats, cavaliers ou dragons, après l'assiette du logement, il leur soit donné des billets dans le quartier de leur compagnie.

37. Les officiers municipaux répartiront alternativement et avec égalité le logement sur tous les habitans qui y seront sujets, de façon qu'aucun ne puisse loger deux fois avant que tous les autres aient logé une fois.

38. Ils observeront dans cette répartition de placer les cavaliers et les dragons chez les habitans les plus aisés et le plus en état de supporter à la fois le double logement des hommes et des chevaux, sauf à ceux qui n'auront point d'écuries, à s'arranger à l'avance pour en retenir à portée, dont ils donneront la déclaration aux officiers municipaux.

39. Les officiers municipaux expédieront ensuite les billets de logement suivant l'ordre des classes établi par l'art. 6.

40. Les billets de logement de chaque classe seront imprimés à l'avance sur de grandes feuilles, divisibles en autant de coupons qu'il y aura de billets, de manière que quand on voudra asseoir le logement d'une troupe, il n'y ait qu'à rassembler la quantité de coupons de chaque classe, suivant le nombre de gens de guerre de chaque grade qu'il y aura dans ladite troupe.

41. Ces billets contiendront, indépendamment du numéro des maisons et des noms et qualités des hôtes, le nom de la rue, le grade et le nombre de ceux qui devront y loger, les chambres qu'ils devront occuper,

et les fournitures qui devront leur être faites ; lesdits billets seront signés par l'officier municipal chargé du détail du logement.

42. Les officiers municipaux ne logeront jamais des soldats, cavaliers ou dragons dans des censes et maisons dépendantes du lieu du logement, à moins qu'elles ne puissent contenir une ou deux compagnies avec les officiers, et qu'elles ne soient éloignées que d'un quart de lieue tout au plus, à la réserve cependant du cas de foule, lequel sera constaté par un procès-verbal dressé par le commissaire des guerres, ou, à son défaut, par le premier officier municipal : ce procès-verbal sera adressé sur-le-champ au secrétaire d'Etat ayant le département de la guerre, et à l'intendant de la province.

43. Les officiers municipaux observeront d'expédier lesdits billets en paquets séparés, par compagnie, bataillon, escadron ou régiment, de manière que tous les hommes et les chevaux d'une même compagnie, d'un même bataillon ou escadron et régiment, soient logés de proche en proche dans un même quartier, et que les fourriers, sergens, maréchaux-des-logis et officiers soient logés près la compagnie à laquelle ils seront attachés, afin qu'ils soient plus à portée de veiller au maintien de la discipline.

44. Les officiers municipaux observeront pareillement de loger proche leur compagnie tous les trompettes et tambours des troupes à cheval, et les tambours d'infanterie au centre du quartier qu'occupera le bataillon ou le régiment.

45. Les billets ne pourront contenir, pour chaque maison, moins de deux soldats, cavaliers ou dragons et, en ce cas, les hôtes se conformeront à ce qui est prescrit par l'art. 25. L'un des officiers municipaux restera à l'hôtel-de-ville après l'assiette du logement, pour remédier aux abus qui auroient pu s'introduire à la distribution des billets.

46. Soit qu'un régiment soit caserné ou logé chez le bourgeois, les colonels ou mestres-de-camp, lieutenans-colonels et majors, seront toujours logés le plus

près qu'il sera possible de leur régiment, les officiers-
majors le plus à portée qu'il se pourra de leur bataillon
ou escadron, et les capitaines, lieutenans et sous-lieutenans, le plus près possible de leur compagnie.

47. Lorsque le logement sera converti en argent, en
conformité des ordonnances du 5 juillet 1765, pour les
officiers supérieurs des corps; du 25 octobre 1716,
pour les capitaines et autres officiers inférieurs; ou de
quelque autre réglement approuvé de Sa Majesté, cet
ordre ne sera pas moins observé par les officiers pour
les logemens qu'ils loueront de gré à gré.

48. Les billets de logement étant expédiés, et le
quartier-maître les ayant reçus des officiers municipaux, il remettra; par paquets séparés, tous ceux des
sous-officiers, soldats, cavaliers, dragons, trompettes
ou tambours de chaque compagnie, au fourrier de ladite compagnie.

49. Le quartier-maître gardera ceux des officiers de
l'état-major et de ceux qui y sont attachés, pour les leur
remettre lui-même.

50. Il gardera pareillement ceux des tambours, pour
les remettre au tambour-major.

51. Lorsqu'il arrivera des officiers, soldats, cavaliers
ou dragons, qui n'auront pas été présens à la troupe lors
de l'assiette du logement, les officiers municipaux leur
donneront les billets qui leur auront été réservés, dans le
quartier où sera logée leur compagnie, sur les certificats
que le commissaire des guerres, ou, en son absence,
le major de la place donnera de leur arrivée; s'il n'y a
point dans le lieu de commissaire des guerres ou d'état-
major, le commandant de la troupe donnera ledit certificat, et sera en outre tenu de faire voir, auxdits officiers municipaux, les soldats, cavaliers et dragons,
pour qui il faudra de nouveaux billets.

52. Lorsque les logemens d'une troupe seront une
fois assis, ils ne pourront être changés que par l'ordre
de l'intendant de la province, ou par celui des commissaires des guerres, avec l'avis des officiers municipaux,
desquels changemens le commissaire signera les billets,
conjointement avec eux, et ils seront tenus d'informer

sur-le-champ le commandant de la province et le commandant de la place, des raisons qu'ils auront eues d'ordonner lesdits changemens.

53. S'il arrivoit que les officiers municipaux surchargeassent de logement quelques habitans pour en exempter d'autres qui devroient y être sujets, ou dont le tour seroit venu de loger, le commissaire des guerres se fera représenter par lesdits officiers municipaux les rôles des habitans; et, s'il y a abus, ils seront condamnés par les intendans des provinces, sur la réquisition des commissaires des guerres, à trente fr. au moins de dommages et intérêts envers ceux desdits habitans qui auront été lésés; ledit commissaire expédiera seul les billets pour faire loger et déloger ceux qu'il conviendra, sans que personne puisse se dispenser de s'y conformer, à peine de désobéissance et de s'y voir contraint.

54. Sa Majesté autorise pareillement les commissaires des guerres à faire loger les gens de guerre, tant chez les officiers municipaux que chez ceux qui, par connivence ou autrement, auront souffert quelques abus au sujet des logemens.

55. Les villes qui voudront se décharger du logement personnel, pourront louer des maisons suffisantes et convenables pour y caserner les troupes qui y seront en garnison, pourvu que ce soit à leurs frais, sans aucune augmentation sur les denrées, et aux conditions de leur y faire fournir les ustensiles nécessaires, de ne faire mettre dans les chambres desdites maisons qu'autant de lits qu'elles pourront raisonnablement en contenir, et de faire contribuer aux fournitures non-seulement les habitans non exempts du logement, mais même, en cas de nécessité, ceux des bourgs et villages dépendant desdites villes.

56. Cette dernière disposition n'aura cependant lieu qu'après que les intendans des provinces auront réglé la quantité et l'espèce de fourniture que lesdits bourgs et villages devront livrer, à proportion de leurs facultés, et de la quantité de troupes qui devra être en garnison dans lesdites villes.

2*

Les fournitures seront faites en nature, sans que, pour quelques raisons que ce soit, il puisse être fait entre les chefs des villes et ceux des bourgs et villages aucuns arrangemens à ce contraires.

57. Seront exempts du logement des gens de guerre et de toutes les contributions à icelui,

1°. Les ecclésiastiques, étant actuellement dans les ordres et pourvus de bénéfices, ou chargés de fonctions qui exigent la résidence dans le lieu.

2°. Les officiers étant actuellement au service, ou qui s'en sont retirés après avoir obtenu la croix de l'ordre royal militaire de Saint-Louis, ou une pension de Sa Majesté.

3°. La noblesse du royaume qui n'est point dans le service.

4°. Les veuves des officiers des troupes, tués la guerre, retirés avec la croix de Saint-Louis ou une pension du Roi; celles des gentilshommes ou autres, morts dans des charges qui leur procuroient pendant leur vie l'exemption de logement; lesquelles continueront d'en jouir pendant leur viduité.

5°. Les officiers commensaux des maisons royales, chargés d'un service annuel dans lesdites maisons, sans que ceux qui n'auront qu'un titre de charge, et ne rempliront aucun service, puissent prétendre à ladite exemption.

6°. Les conseillers-secrétaires de Sa Majesté, maison, couronne de France et de ses finances; les audienciers, contrôleurs et autres officiers de la grande chancellerie.

7°. Les présidens, conseillers, gens de Sa Majesté et autres officiers des parlemens, chambres des comptes, cours des aides et autres cours et conseils supérieurs.

8°. Les présidens et trésoriers-généraux de France aux bureaux des finances des généralités du royaume.

9°. Les présidens, lieutenans-généraux, particuliers, civils et criminels du siége principal de chaque lieu; ensemble les gens de Sa Majesté auxdits siéges, sans que les chefs et officiers des autres justices, établis dans le même lieu, puissent participer à la même exemption.

10°. Les grands-maîtres et maîtres particuliers des eaux et forêts, tous les officiers desdites maîtrises, à la seule exception des huissiers-audienciers.

11°. Les officiers des élections.

12°. Les commissaires aux saisies réelles, et les receveurs des consignations, dont la finance excédera quatre mille livres.

13°. Les officiers et ouvriers des monnaies, excepté ceux qui étant logés hors des hôtels, tiendroient cabaret ou boutique ouverte.

14°. Le principal officier, le procureur du Roi et le receveur de chaque siége de l'amirauté.

15°. Les officiers de chancellerie près les cours supérieures.

16°. Les recteurs, régens et principaux des universités, exerçant actuellement.

17°. Les garde-étalons.

18°. Tous les officiers et cavaliers des compagnies de maréchaussée.

19°. Les maires, mayeurs, bourguemestres, échevins, consuls, jurats ou syndics des villes et communautés, pour le temps de leur administration seulement : ces exemptions ne pouvant être prétendues au-delà, sous tel prétexte que ce soit.

20°. Les trésoriers et receveurs-généraux et particuliers ayant le maniement actuel des deniers de Sa Majesté.

21°. Les commis des fermiers des domaines, gabelles, aides, traites foraines, douanes domaniales et autres fermes de Sa Majesté, ainsi que des débitans de sel.

22°. Les receveurs de décimes.

23°. Les employés aux poudres et salpêtres.

24°. Les monnoyeurs et les changeurs en titre ou par commission, qui ont été établis dans les départemens : mais les changeurs seulement jouiront de cette exemption, quand même ils tiendroient boutique ouverte.

25°. Les étapiers, non-seulement pour les maisons où ils demeureront, mais encore pour celles où seront leur magasin, servant à la fourniture de l'étape.

26°. Les commis chargés de la fourniture des lits dans les garnisons, les garde-magasins des habillemens et armes de la milice, les commis des vivres et des fourrages, médecins, chirurgiens, directeurs et contrôleurs des hôpitaux militaires, garde-magasins des effets du Roi, et tous employés pour le service du Roi.

27°. Les directeurs des bureaux des lettres, les maîtres de postes établis par brevet de Sa Majesté, les commis des postes, ainsi que les courriers ordinaires, employés par les fermiers des postes, quoique faisant commerce et tenant cabaret.

28°. Les lieutenans et les greffiers du premier chirurgien du Roi.

29°. Les commanderies et fermes de l'ordre de Malte.

30°. Les chefs et inspecteurs des manufactures établies par lettres-patentes du Roi.

31°. Les messageries seront exemptes de logement effectif, en observant cependant que, quand, par la raison du commerce que les maîtres desdites messageries feront, ou du cabaret qu'ils tiendront, on marquera des logemens dans leurs maisons et écuries, on devra leur laisser de quoi remplir le service dont ils sont chargés.

58. Les privilégiés ne jouiront de leur exemption que pour les maisons ou parties d'icelles qu'ils occuperont personnellement, sans que les particuliers non exempts, qui pourroient les louer en tout ou en partie, puissent participer, sous tel prétexte que ce puisse être, à ladite exemption.

A l'égard des privilégiés à titre de charge ou emploi, des officiers des élections, et de tous autres officiers de judicature ou de finance, dont les charges exigent résidence, ils ne jouiront de l'exemption du logement qu'autant qu'ils rempliront leurs fonctions et qu'ils résideront, dans le lieu de leur établissement, tout le temps prescrit par la déclaration du roi du 13 juillet 1764, à moins cependant qu'ils n'eussent des lettres d'honoraires ou de vétérance; dans lequel cas, étant dispensés de résidence, ils devront jouir des mêmes privilèges et exemptions qu'ils avoient étant en place.

59. Ceux qui, étant exempts par leur état, leur charge ou emploi, feront commerce à boutique ouverte, ou tiendront cabaret, seront déchus de leur exemption, et assujettis au logement comme marchands ou cabaretiers, pendant tout le temps qu'ils feront ledit commerce, à la réserve de ceux désignés aux nombres 24, 27 et 31 de l'art. 57, et des garde-étalons.

60. En cas de foule, le logement sera fait indifféremment chez les exempts et non exempts, en suivant néanmoins l'ordre des exempts, de manière que les ecclésiastiques ne logent que les derniers, et ainsi des autres, dans l'ordre qu'ils ont été nommés ci-dessus, en se conformant, pour constater le cas de foule, à ce qui est prescrit par l'art. 42 du présent titre.

61. Si quelques autres personnes que celles ci-dessus nommées, prétendent jouir de l'exemption du logement des gens de guerre, soit par concession particulière ou autrement, elles se pourvoiront pardevant l'intendant de la province, qui décidera de la validité de leur titre, et connoîtra supérieurement et privativement à tous autres, des détails des logemens; et ce qui sera par lui ordonné à cet égard, sera exécuté par provision; sauf à ceux qui se croiront lésés par leurs ordonnances, à adresser leurs représentations au secrétaire d'Etat ayant le département de la guerre, pour en rendre compte à Sa Majesté, et y être par elle pourvu.

62. Défend très-expressément Sa Majesté aux soldats, cavaliers et dragons de ses troupes, de frapper ou insulter les maire, échevins, consuls, juges et autres magistrats des lieux où ils seront en garnison, ou par lesquels ils passeront lorsqu'ils seront en route. Voulant Sa Majesté que, sur la réquisition des magistrats, les accusés soient mis en prison pour être jugés par les juges du lieu, suivant la nature et les circonstances du délit.

63. Dans le cas où lesdits magistrats et officiers municipaux auroient été insultés ou frappés par des officiers des troupes de Sa Majesté, le commandant de la place ou celui de la troupe les feront mettre en prison, et ils en informeront sur-le-champ le commandant de la province et le secrétaire d'Etat ayant le département de la guerre, qui prendra les ordres de Sa Majesté pour faire interdire et même casser lesdits officiers, suivant l'exigence du cas.

64. Toutes exemptions et priviléges seront suspendus lorsqu'il s'agira des troupes de la maison du roi; elles seront distribuées dans les maisons les plus convenables, sans nulle exception, pour quelque raison que ce puisse être, de manière que lorsque toutes les maisons convenables des sujets au logement seront occupées, on désignera celles des derniers exempts, et ensuite des autres, en remontant jusqu'aux premiers, s'il est nécessaire.

65. Dans chaque ville où il y aura des brigades des

gardes-du-corps en quartier, il sera fait par les officiers municipaux, de concert avec les commissaires des compagnies, et sous l'autorité de l'intendant de la province, un état du logement des gardes de chaque brigade, sur le pied complet, dont il sera remis une copie au commandant de la brigade.

66. Lesdits officiers municipaux donneront, de quatre en quatre semaines, de nouveaux billets de logement aux gardes effectifs, qui seront présens au quartier, de manière qu'ils soient logés successivement chez tous les habitans compris audit état, et que la charge dudit logement soit également partagée entre eux.

67. Sa Majesté voulant que les gardes fassent ordinaire chez leurs hôtes, par chambrées de quatre gardes chacune, chaque habitant qui aura un garde logé chez lui, sera obligé de lui fournir (indépendamment d'une chambre et d'un lit garni pendant quatre semaines), pendant une de ces quatre semaines, seulement pour l'ordinaire de la chambrée de ce garde, le feu pour cuire la viande et la soupe de ladite chambrée, sept chandelles des huit à la livre, huit serviettes, deux napes, une marmite, et les plats, assiettes, cuillers, fourchettes, siéges et autres ustensiles nécessaires pour la table.

68. Sa Majesté défend à ses gardes de rien exiger de plus de leurs hôtes que ce qui est fixé par l'article ci-dessus, ni de rester chez eux plus long temps qu'il ne sera porté par leur billet de logement, ou faire difficulté d'accepter de nouveaux billets qui leur seront délivrés de quatre en quatre semaines.

69. Si, dans le nombre des logemens qui auront été marqués pour les gardes, il s'en trouvoit quelques-uns qui ne fussent pas bons, ou qu'il ait été commis quelques abus de la part des officiers municipaux sur le fait desdits logemens, les commandans des brigades s'adresseront à l'intendant de la province pour y pourvoir; et lesdits officiers municipaux auront pareillement recours à lui dans les cas qui pourront l'exiger.

70. L'intention de Sa Majesté est qu'on observe pour le logement des troupes de sa maison et de sa

compagnie des grenadiers à cheval, tout ce qu'elle a prescrit pour ses gardes-du corps.

TITRE VI.

De l'établissement des troupes dans leur logement.

ART. 1ᵉʳ. Lorsque le régiment aura reçu ordre d'entrer dans son logement, il s'y rendra dans le plus grand ordre, et aucun officier ne pourra quitter sa troupe qu'elle n'y soit établie.

2. Si le régiment est logé dans les pavillons et casernes, il sera conduit de la place d'armes auxdits pavillons et casernes par un officier-major de la place, et ledit régiment ne se séparera qu'après y avoir établi sa garde particulière de police.

3. Le commandant du régiment réglera la force de cette garde, relativement à l'étendue et à la position des casernes.

4. Les clefs du quartier seront remises, à l'arrivée du régiment, entre les mains de l'officier ou sous-officier qui commandera ladite garde.

5. Lorsqu'une troupe sera logée dans des corps de casernes dont la capacité excédera le nombre de chambres nécessaires pour son logement, il ne lui sera pas permis de s'y étendre, et elle n'occupera que le nombre de chambres qui lui sera nécessaire, à proportion du nombre de lits que chacune desdites chambres pourra contenir.

6. Les soldats mariés des régimens étrangers, et les blanchisseuses des troupes, pourront occuper des chambres séparées au rez-de chaussée, sans que jamais ces dernières puissent être établies dans les chambres des étages-supérieurs, à la réserve des quartiers où le rez-de-chaussée ne sera composé que d'écuries.

7. Si le régiment doit être logé chez les habitans, chaque compagnie, conduite par ses officiers et par le fourrier, se rendra de la place d'armes dans le quartier de la ville ou du lieu où elle devra être logée.

2**

8. Alors le fourrier fera la distribution des billets de logement, d'abord à ses officiers, ensuite aux sous-officiers et à chaque chef de chambrée, jusqu'à concurrence du nombre d'hommes dont lesdites chambrées seront composées.

9. Chaque chef de chambrée conduira ensuite et établira ses soldats, cavaliers ou dragons, dans les logemens qu'ils devront occuper.

10. Les officiers seront tenus de rester jusqu'à l'entier établissement de leur compagnie, afin de prévenir les discussions qui pourroient s'élever entre leurs soldats, cavaliers ou dragons et les habitans, et de mettre tout dans l'ordre convenable.

11. Ils rectifieront, conjointement avec l'officier municipal resté à la maison-de-ville, les erreurs qui auront pu se commettre dans la première distribution des billets.

12. Le lendemain de l'établissement du régiment dans ses logemens, chaque aide-major sera tenu de visiter ceux de son bataillon ou escadron, pour changer tout ce qui ne seroit pas conforme à l'ordre prescrit, et rendre compte au major et au commandant du régiment des autres abus auxquels il n'aura pu remédier.

13. Le logement de chaque compagnie étant assis, les fourriers en remettront l'état au quartier-maître, qui formera l'état général du logement de chaque bataillon ou escadron, y compris celui des officiers de l'état-major, et en donnera copie au major et au commandant du corps.

14. Sur cet état seront pareillement marqués les logemens des officiers de chaque compagnie, soit que lesdits officiers aient leur logement en nature ou en argent, afin que si, dans l'un ou l'autre cas, ils n'étoient pas à la proximité de leur troupe, le commandant du régiment puisse y remédier.

15. Le quartier-maître sera tenu de donner communication de cet état général au commissaire des guerres chargé de la police du logement, et aux officiers municipaux.

16. Les officiers qui se logeront par force et sans

billets du commissaire des guerres ou des officiers municipaux, seront mis en prison pour huit jours, et ceux qui changeront entre eux les logemens qui leur auront été donnés, seront mis aux arrêts pour quinze jours, et le commandant de la place en rendra compte au commandant en chef de la province.

17. Les soldats, cavaliers ou dragons qui changeront entre eux leurs logemens sans permission, seront punis de quinze jours de prison.

18. Les soldats, cavaliers ou dragons qui s'établiront en d'autres logemens que ceux qui leur auront été assignés, seront punis, conformément aux peines portées par les bans publiés à l'arrivée des troupes.

19. Tout détachement qui devra rester en garnison dans une place, s'établira dans son logement avec l'ordre et les précautions prescrites par le présent titre.

TITRE VII.

Du service des troupes dans les places.

Art. 1er. Les troupes feront la garde nuit et jour dans les places de guerre et dans les quartiers; et elle sera relevée toutes les vingt-quatre heures.

2. Indépendamment de la garde, il y aura plusieurs autres espèces de services qui seront distingués et commandés par des tours séparés, comme il est prescrit aux articles 1er. et 14 du titre VIII.

3. En temps de guerre, le service sera réglé par les commandans des places, relativement à la proximité de l'ennemi et à la sûreté de la place.

4. Dans le cas où une place seroit assiégée, le commandant de ladite place ordonnera et disposera des troupes de sa garnison, des officiers d'artillerie et des ingénieurs, comme il le jugera à propos pour la défense de ladite place : il chargera les officiers qu'il croira les plus capables des détails relatifs à la défense et au bon ordre de la place, de même qu'à la garde des ouvrages et des postes ; il les en retirera pour les placer ailleurs, quand et selon que le bien du service lui paroîtra l'exiger, tant dans l'intérieur qu'à l'extérieur de ladite place.

5. En temps de paix, la garde sera réglée tous les premiers du mois, sur le nombre effectif des soldats, cavaliers ou dragons en état de faire le service, et relativement au nombre des sentinelles qui seront absolument nécessaires pour la garde de la place, le maintien du bon ordre et la conservation des ouvrages.

6. A cet effet, les commandans des régimens se rendront chez le commandant de la place ; et après lui avoir remis un état de la situation actuelle de leur corps, le service sera réglé de manière que chaque grenadier ou fusilier ait six nuits de repos, et jamais moins de cinq, et chaque cavalier ou dragon douze nuits, et jamais moins de dix.

7. Il ne sera jamais employé de sentinelles pour garder les herbages des remparts et des ouvrages, et il n'y aura absolument sur lesdits remparts que le nombre de sentinelles nécessaires pour empêcher la dégradation des ouvrages, et pour observer pendant la nuit ce qui se passera dans les dehors de la place.

8. Chaque soldat, cavalier ou dragon, ne fera jamais moins de six heures de faction pendant les vingt-quatre heures qu'il sera de garde.

Depuis le premier mai jusqu'au premier octobre, et dans les cas d'une nécessité absolue seulement, les commandans des places seront autorisés à faire faire huit heures de faction à chaque sentinelle ; d'après cela, il sera compté ordinairement sur le pied de quatre hommes pour fournir une sentinelle, et dans les cas indispensables sur le pied de trois.

9. Lorsque la garnison ne pourra fournir les sentinelles absolument nécessaires, sans s'écarter de ce qui est réglé par l'article 6, les commandans des provinces pourront, sur les représentations des commandans des places, augmenter le nombre d'hommes fixé pour la garde en temps de paix, en rendant toutefois compte sur-le-champ au secrétaire d'état ayant le département de la guerre, des motifs qui les y auront engagés.

10. A l'égard du nombre des officiers qui devront monter la garde, il sera réglé par le commandant de la place, de manière que les capitaines d'infanterie aient,

autant qu'il se pourra, onze ou douze nuits de repos, les officiers subalternes huit à neuf, les capitaines de cavalerie ou dragons quatorze ou quinze, et les officiers subalternes onze à douze.

11. Dans le temps des congés de semestre, le nombre des postes d'officiers sera diminué, et celui des postes des sergens et maréchaux-des-logis sera augmenté en proportion.

12. La force des postes ayant été déterminée, relativement au nombre de sentinelles qu'ils devront indispensablement fournir, et à ce qui est réglé ci-dessus, le major de la place inscrira sur son registre d'ordre, le service du mois tel qu'il aura été arrêté, afin de le commander en conséquence.

13. Quand il y aura dans la place assez de compagnies de grenadiers pour qu'elles puissent fournir chaque jour une garde de vingt-quatre grenadiers, sans être plus fatigués que les fusiliers de la garnison, on leur donnera des postes séparés, celui de la place d'armes leur sera toujours affecté par préférence, et dans ce cas il sera toujours commandé par un capitaine ou officier subalterne de grenadiers, qui rouleront ensemble pour ce service.

14. S'il n'y a point assez de compagnies de grenadiers pour qu'elles puissent fournir seules le poste de la place d'armes, les grenadiers seront alors mêlés avec des fusiliers, qui fourniront le nombre d'hommes suffisant pour compléter le poste; et dans ce cas, les officiers et sergens de grenadiers rouleront avec les officiers et sergens de fusiliers : bien entendu que les grenadiers, quoique mêlés, auront toujours par préférence le poste de la place d'armes.

15. Indépendamment du service de la garde de la place, les grenadiers feront tous les détachemens pour lesquels ils seront commandés, tant au-dedans qu'au-dehors de la place.

16. Chaque bataillon fournira pour la garde le nombre de sous-officiers et soldats qui sera fixé par le commandant de la place, relativement au nombre effectif

d'hommes de la garnison, et conformément à ce qui est réglé par les articles 5 et 6 du présent titre.

17. Le service de la cavalerie et des dragons sera de deux espèces; savoir, à pied ou à cheval : il sera aussi réglé sur le nombre effectif de cavaliers ou dragons et de chevaux de la garnison, conformément aux articles 5 et 6.

18. La cavalerie ou les dragons qui monteront la garde à pied, auront dans les places des postes séparés de ceux de l'infanterie ; et s'il n'y a point d'infanterie dans lesdites places, le commandant de la place disposera les détachemens que la cavalerie ou les dragons devront fournir pour la garde, de manière qu'il y ait pour la police un poste sur la principale place, et s'il est possible, une petite garde à chaque porte.

19. La garde de cavalerie ou de dragons qui montera à cheval sera placée sur la place d'armes, pour se porter avec plus de célérité partout où elle sera nécessaire.

20. On désignera un endroit sur ladite place pour mettre à couvert les hommes et les chevaux de cette garde, et pour servir de corps-de-garde.

21. Indépendamment du service de la garde de la place, la cavalerie et les dragons feront tous les détachemens pour lesquels ils seront commandés au-dehors de la place.

22. Les régimens du corps royal de l'artillerie se trouvant seuls dans les places, y feront le service comme toute l'infanterie, si le commandant de ladite place le juge nécessaire.

23. Lorsqu'au contraire lesdits régimens du corps royal de l'artillerie se trouveront dans les places avec d'autres troupes, ils seront dispensés d'y monter la garde ailleurs qu'au parc de l'artillerie et à leur quartier ; les officiers et soldats des compagnies de mineurs et d'ouvriers, soit qu'elles se trouvent seules dans les places ou avec d'autres troupes, seront également dispensées de monter la garde, hors les cas de nécessité.

24. Indépendamment de ce que chaque régiment d'infanterie, de cavalerie ou de dragons devra fournir pour

la garde de la place, il fournira tous les jours, et sans que cela soit compris dans ledit service, ses gardes de police de quartier, s'il est caserné, et ses gardes de caisse, drapeaux, étendards ou guidons.

25. Lorsqu'il sera nécessaire d'exploiter et remuer des pièces d'artillerie et munitions de guerre, dans une place où il n'y aura point un détachement du corps royal d'artillerie suffisant à cet effet, on commandera le nombre de soldats nécessaires, sur la demande du commandant d'artillerie; ces soldats seront commandés par des sergens de corvée, qui leur feront exécuter tout ce que le commandant de l'artillerie ordonnera.

TITRE VIII.

De l'ordre à observer dans les places pour commander le service.

Art. 1er. L'infanterie aura, à l'avenir, six tours de service dans les places; savoir :

Le premier, pour les détachemens, escortes et pour la garde des postes extérieurs, qui ne sera relevée qu'après un certain nombre de jours.

Le second, pour la garde de la place qui sera relevée journellement.

Le troisième, pour les gardes d'honneur.

Le quatrième, pour les corvées.

Le cinquième, pour les rondes.

Le sixième, pour les détachemens en mer.

Dans les places assiégées, il y aura de plus un tour pour les travailleurs, lequel sera alors le premier de tous.

2. Les détachemens de tous ces tours de service seront composés d'officiers, sous-officiers, grenadiers et soldats du même régiment, de manière que chacun des bataillons dont le régiment sera composé y contribue également.

Dans les places où il y aura plusieurs régimens, chacun desdits régimens fournira les détachemens nécessaires pour compléter la garde; mais les différens postes et détachemens pour quelque service que ce soit, ne seront jamais mêlés d'officiers, sous-officiers ou soldats de différens régimens.

3. A cet effet, tous les régimens, tant français qu'étrangers, qui seront dans la même place, fourniront tous également et alternativement aux différens services, selon leur rang et à proportion du nombre de bataillons ou d'escadrons dont ils seront composés.

4. Dans l'infanterie, tous les détachemens des premier et sixième tours de service, et ceux des travailleurs dans les siéges seront formés de huit escouades de service de huit hommes chacune, et dans les proportions réglées ci-après.

Le détachement entier sera composé de huit escouades et un tambour, et commandé par un capitaine, un lieutenant ou sous-lieutenant, deux sergens, quatre caporaux et quatre appointés.

Le demi-détachement sera composé de quatre escouades avec un tambour, et commandé par un lieutenant ou sous-lieutenant, un sergent, deux caporaux et deux appointés.

Le quart de détachement sera de deux escouades, et commandé par un sergent, un caporal et un appointé.

Le petit détachement sera d'une escouade, et commandé par un caporal.

Tous les petits détachemens au-dessous d'une escouade, seront fournis au tour des gardes de l'intérieur de la place.

5. Les détachemens des deuxième, troisième et quatrième tours de service seront commandés par le major de la place, relativement à la force des postes, à l'espèce des gardes d'honneur ou aux corvées nécessaires, et seront ensuite formés dans les régimens, conformément à ce qui est réglé par l'article 5 du titre IX.

6. On se conformera pour le cinquième tour de service à ce qui est réglé par les articles premier, 3 et 4 du titre XV.

7. Les détachemens commandés pour les processions seront réputés gardes d'honneur, et compris dans ce tour de service.

8. Tout le service, tel qu'il soit, sera commandé

tous les jours à l'ordre général de la garnison, par
le major de la place, qui tiendra à cet effet des contrôles du service de la place, tel qu'il aura été réglé
le premier du mois, et des différens tours de service,
afin que chaque régiment y fournisse dans l'égalité et
dans la proportion prescrites par l'article 3.

9. Le major de la place tiendra pareillement des
contrôles de tous les régimens, avec l'état par ancienneté de commission ou de brevet de tous les officiers,
pour les commander chacun à leur tour.

10. Les sous-officiers et soldats seront commandés
par les majors de leur régiment, suivant le service qui
aura été demandé à chaque régiment au cercle général
de la garnison.

11. Lorsque le commandant de la place jugera à
propos d'employer les officiers supérieurs à la visite
des postes, tous ceux de la garnison rouleront ensemble
pour ce service, et ils seront nommés à l'ordre par le
major de la place.

12. Dans l'infanterie, les officiers seront commandés
pour tous les tours du service par la tête du régiment,
sans que, sous tel prétexte que ce soit, on puisse commencer par la queue.

Le premier, le troisième et le quatrième tours seront
continués, en paix comme en guerre, et dans les places et
quartiers d'hiver comme en campagne.

Le deuxieme et le cinquième tours seront continués, soit
en paix, soit en guerre, d'une garnison à l'autre, de manière qu'ils ne soient interrompus que quand les régimens
seront en campagne, et qu'ils soient repris lorsque les régimens rentreront dans les places, ou s'établiront dans les
lieux de leur quartier d'hiver.

Le sixième tour, pour les détachemens en mer, ne sera
jamais interrompu; tout officier reprendra son tour, et ne
pourra être commandé deux fois, que tous ceux du même
grade ne l'aient été une.

Celui des travailleurs de siége sera continué d'une guerre
et d'un siége à l'autre.

13. Afin que le service soit toujours commandé dans
les vues de l'article 12, les majors des régimens tien-

dront avec soin les contrôles de tous ces différens tours, et les remettront, en arrivant dans une place, au major de ladite place.

14. Il y aura pour la cavalerie et les dragons trois tours de service :

Le premier, pour les détachemens.

Le deuxième, pour les gardes à cheval et les gardes d'honneur.

Et le troisième, pour les gardes à pied.

Le service à cheval commencera par la tête du régiment, et le service à pied par la queue, et les majors des régimens tiendront pareillement des contrôles de tous les tours de service.

Les différens détachemens de cavalerie et de dragons seront commandés, composés et formés de la manière prescrite par les ordonnances d'exercice de la cavalerie et des dragons.

15. Dans l'infanterie, comme dans la cavalerie et les dragons, les capitaines, lieutenans et sous-lieutenans du même corps seront commandés par ancienneté de commissions ou brevets.

16. Aucun capitaine d'infanterie, de cavalerie ou de dragons, ne pourra être commandé deux fois pour le même tour de service, qu'après que tous les capitaines du même régiment l'auront été chacun une fois, et il en sera usé de même pour les lieutenans et autres officiers subalternes.

17. Les officiers réformés à la suite des places, n'y feront à l'avenir aucun service, de quelque nature qu'il puisse être, conformément à ce qui est prescrit par l'article 16 du titre premier de la présente ordonnance.

18. Les officiers qui se trouveront à la garnison ou au quartier pendant le temps qu'ils pourroient être absens par semestre ou par congé, seront tenus de faire le service de même que les autres officiers.

19. Les officiers ne pourront changer entre eux leurs tours de garde ou de détachement.

20. Ceux qui se seront trouvés malades ou absens lors-

qu'ils auront dû marcher pour gardes ou détachemens, ne reprendront point leur tour. A l'égard des corvées, elles se reprendront pour un tour seulement.

21. Les officiers commandés, qui se trouveront incommodés, en feront avertir le major du régiment, pour qu'il en soit commandé d'autres à leur place.

22. Lorsqu'un officier se trouvera en même temps le premier à marcher pour différens services, il sera commandé par préférence pour le premier de ces services, dans l'ordre où ils sont désignés par l'article 1er., et les autres tours seront censés passés pour lui.

23. Les détachemens seront censés faits lorsqu'ils auront passé la dernière barrière de la place.

24. Les capitaines rouleront, s'il est nécessaire, avec les officiers subalternes pour le second tour de service, de manière que les capitaines relèvent les officiers subalternes, lesquels pourront pareillement relever les capitaines ; mais on observera de donner aux capitaines par préférence les postes les plus importans de la garnison.

25. Seront exempts de tous tours de garde et de ronde les colonels, mestres-de-camp, lieutenans-colonels, majors, aide-majors, sous-aide-majors, quartiers-maîtres, porte-drapeaux, porte-étendards ou porte-guidons, les fourriers, les tambours-majors et les timbaliers, bien entendu cependant que les fourriers suivront leurs compagnies lorsqu'elles seront détachées en entier.

26. Les capitaines qui, au défaut des officiers-majors des places, s'y trouveront commander, ou qui, en l'absence des trois officiers supérieurs de leurs corps, commanderont par accident un ou plusieurs bataillons ou escadrons, dont les compagnies seront réunies, jouiront aussi de la même exemption, laquelle ne pourra être prétendue par les capitaines qui commanderont des bataillons ou escadrons dont les compagnies seront dispersées. Mais, sous prétexte de cette exemption, les susdits capitaines ne seront pas dispensés de leur tour de détachement, ni de marcher avec leurs compagnies de grenadiers ou de fusiliers, si elles sont détachées,

devant, dans ce cas, laisser le commandement au capitaine qui les suit.

TITRE IX.

De l'ordre à observer dans les régimens pour commander le service.

ART. 1er. Les majors des régimens commanderont sur tous les bataillons, escadrons et compagnies de leur régiment, le nombre de sous-officiers, soldats, cavaliers et dragons nécessaires pour les différens services qui seront commandés par le major de la place.

2. A cet effet, ils feront tenir par un officier-major, et par les fourriers des compagnies, les contrôles nécessaires, pour que tous les bataillons, escadrons et compagnies de leur régiment contribuent également au service de la place.

3. Les sergens et les caporaux, les maréchaux-deslogis et les brigadiers seront commandés par la tête et par la queue, suivant le rang des compagnies dont ils seront, à l'exception toutefois des détachemens pour lesquels ces derniers marcheront, avec les escouades que fourniront leurs compagnies; chaque escouade devant toujours être commandée par un caporal ou un appointé de la compagnie qui la fournira.

4. Les soldats, cavaliers et dragons seront commandés aussi suivant le rang de leur compagnie; et afin que les gardes ou détachemens soient toujours composés d'anciens et de nouveaux soldats, cavaliers ou dragons, le tour de service commencera en même temps par la tête et par la queue de chaque compagnie.

5. Dans l'infanterie, les deuxième, troisième et quatrieme tours de service, comprenant la garde de la place, les gardes d'honneur et les corvées, continueront d'être fournis, ainsi que par le passé, par un nombre égal de soldats pris sur toutes les compagnies du régiment.

6. A l'égard des premier et sixième tours de service,

concernant les postes extérieurs, détachemens, escortes, détachemens en mer, et du tour des travailleurs de siége, chaque compagnie du régiment n'y fournira jamais que par escouades de service, ainsi qu'il a été prescrit à l'article 4 du titre VIII.

Ces escouades seront composées des huit premiers soldats à marcher, pris en même temps par la tête et par la queue des compagnies qui devront les fournir, et elles ne seront jamais brisées ni mêlées avec celles des autres compagnies.

Lorsque, par le premier tour de service, une compagnie aura fourni une escouade à un détachement de plusieurs jours, elle ne fournira plus audit tour de service, jusqu'à ce que cette escouade l'ait rejoint.

7. Dans la cavalerie et les dragons, tous les différens tours de service continueront d'être fournis par un nombre égal de cavaliers ou de dragons, pris sur toutes les compagnies du régiment, ainsi qu'il est prescrit par les ordonnances d'exercice de la cavalerie et des dragons.

8. Chaque soldat, cavalier ou dragon montera la garde à son tour, à la réserve de ceux qui auront obtenu la permission de travailler, conformément à ce qui est réglé par les articles 123 et suivans du titre XXI, lesquels auront la liberté de s'arranger avec ceux de leurs camarades qui pourront monter la garde.

9. Au moyen de la facilité accordée par l'article précédent, et quelque avantage qu'il pût en résulter pour l'équipement et la tenue du régiment, aucun soldat ne pourra cependant monter la garde plus d'une fois tous les trois jours : voulant Sa Majesté que dans tous les cas, la santé des hommes ait la préférence sur toutes considérations de tenue.

10. Tout sous-officier, soldat, cavalier et dragon qui, en sortant de l'hôpital, ne paroîtra pas parfaitement rétabli, ne sera commandé pour aucun service, qu'il n'ait repris ses forces et qu'il ne soit en état de faire le service sans crainte de rechute.

11. Les officiers supérieurs des régimens qui seront commandés de service dans une place, seront accom-

pagnés d'un officier-major de leur régiment; savoir, les colonels ou mestres-de-camp, d'un aide-major, et les lieutenans-colonels et majors, d'un sous-aide-major.

12. En l'absence du capitaine de grenadiers et des autres officiers de sa compagnie, le plus ancien capitaine et les plus anciens officiers subalternes du bataillon marcheront à leur place avec cette troupe.

13. Quand les officiers de grenadiers s'absenteront pour plus de quatre jours, le major du régiment en fera avertir les officiers du bataillon qui devront les remplacer, lesquels, du jour qu'ils seront avertis, jusqu'au retour de ceux qu'ils auront remplacés, ne feront point d'autre service.

14. Si le capitaine, commandant par accident une compagnie de grenadiers, se trouve commander un bataillon par un autre accident, il demeurera dans ce cas attaché au bataillon, et le capitaine qui le suivra dans le bataillon, le remplacera à la compagnie de grenadiers, jusqu'à ce que le capitaine titulaire y soit présent.

TITRE X.

De l'assemblée, de l'inspection et de la parade des gardes.

ART. 1er. On battra *la garde* à neuf heures du matin en tout temps, et les détachemens qui la composeront, défileront à midi précis de la parade générale, pour se rendre aux postes qu'ils devront occuper.

Dans les provinces méridionales du royaume, et pendant les fortes chaleurs seulement, Sa Majesté autorise les commandans desdites provinces à permettre aux commandans des places d'icelles de faire défiler les gardes à dix heures précises; et l'on battra alors *la garde* à sept heures du matin, afin que tout ce qui est prescrit par le présent titre puisse s'exécuter avec la même exactitude.

2. Le tambour-major de chaque régiment d'infanterie assemblera, à huit heures et demie, tous les tam-

bours du régiment, et en fera l'inspection : cette inspection finie, et aussitôt que neuf heures sonneront,
tous les tambours battront *la garde* et *l'assemblée* dans
le quartier de leur régiment.

3. Les fourriers des compagnies dont on aura nommé
la veille à l'ordre quelque officier, sergent ou caporal,
maréchal-des-logis ou brigadier, pour la garde, se rendront à neuf heures et demie au lieu destiné pour tirer
les postes où le major de la place, et à son défaut un
aide-major de ladite place, sera tenu de se trouver.

4. Le major de la place tiendra un registre destiné à
être rempli des noms des postes et de ceux des officiers,
sergens, maréchaux-des-logis, caporaux et brigadiers
qui devront les commander.

5. Il sera fait autant de billets qu'il y aura de postes
dans la place ; sur chacun de ces billets sera écrit le nom
du poste ; ceux où devront monter les officiers et sousofficiers de chaque grade seront mis séparément ; les
fourriers qui devront tirer ces différens postes, tireront
d'abord ceux des capitaines, et successivement ceux
des lieutenans, sous-lieutenans, sergens, maréchauxdes-logis, caporaux ou brigadiers. A mesure que l'on
tirera chaque billet, le nom de celui auquel il sera
échu, sera écrit sur les registres du major.

Lorsque, par l'inégalité des postes, le tirage ne
pourra pas se faire sur tous les régimens de la garnison,
il se fera par régiment (en suivant l'ordre de leur ancienneté), et dans le nombre des postes que chacun
d'eux devra fournir.

6. Aucun officier ou sous-officier ne pourra prétendre d'autre poste que celui qui lui sera échu par
le sort.

7. En été et dans les beaux jours, on montera toujours la garde en guêtres blanches ; pendant le froid et
les mauvais temps, on la montera en guêtres noires, et
on croisera les revers de l'habit, mais on en avertira à
l'ordre, afin que toutes les troupes de la garnison soient
mises uniformément.

8. Les détachemens que chaque régiment devra fournir pour la garde, seront assemblés et inspectés dans

les quartiers du régiment, et conduits ensuite à l'heure nécessaire au rendez-vous général de toutes les gardes de la garnison, sur la place d'armes, conformément à ce qui est réglé par les art. 72 et suivans du tit. XXI.

9. Le major ou un aide-major de la place se trouvera journellement à onze heures et demie sur la place d'armes, pour y recevoir les détachemens des différens régimens.

10. Les noms de chaque poste seront écrits en gros caractères sur les murs d'une des grandes faces de la place d'armes.

11. Les détachemens de chaque régiment étant arrivés au rendez-vous général de l'assemblée des gardes, y seront mis en bataille, le dos tourné au mur où seront marqués les postes : le major ou l'aide-major de la place qui s'y sera trouvé pour les recevoir, vérifiera si chaque régiment a fourni le nombre d'officiers, sous-officiers, soldats, cavaliers ou dragons fixé, et indiquera aux officiers et sous-officiers les détachemens auxquels chacun d'eux devra être attaché.

S'il y a des détachemens de cavalerie ou de dragons, soit à pied ou à cheval, on les placera à la gauche de l'infanterie.

12. Les officiers commandant les détachemens destinés pour les nouvelles gardes, leur feront faire *demi-tour à droite*, et ensuite *haut les armes*, et chaque détachement ira poser ses armes au-dessous du nom du poste où il devra monter.

13. S'il y a des détachemens de cavalerie ou de dragons à cheval, les commandans desdits détachemens leur feront les commandemens nécessaires pour remettre le sabre dans le fourreau, et ensuite pour mettre pied à terre, s'il le juge à propos, sans néanmoins qu'aucun cavalier ou dragon puisse quitter son rang.

14. Le tambour-major et tous les tambours qui auront accompagné la garde de leur régiment jusqu'au rendez-vous de l'assemblée générale des gardes de la place, ne se retireront que lorsque la garde générale aura défilé de dessus la place d'armes, et ils seront re-

menés en ordre à leur logement par le tambour-major ou par le plus ancien d'entre eux.

15. Lorsque l'heure approchera pour monter la garde, le major de la place ordonnera aux tambours d'*appeler* ; à ce signal, les détachemens qui seront rangés suivant les postes qui leur seront échus, se formeront en bataille à rangs serrés, le dernier rang à quatre pas du mur des inscriptions, et les officiers se mettront à leur poste.

16. Le major de la place fera ensuite marquer les divisions par un aide-major ou sous-aide-major de ladite place, afin que la garde se rompe sur un front à peu près égal.

Pour cet effet, lorsqu'il y aura plusieurs petits postes, on les joindra les uns aux autres, et ils marcheront ensemble jusqu'à ce qu'après avoir défilé devant l'officier général ou le commandant de la place, ils arrivent dans les endroits où ils auront différens chemins à prendre.

17. Les tambours de tous les régimens de la garnison se réuniront et se placeront sur l'aile droite de la garde.

18. Lorsque les gardes seront prêtes à se porter sur le terrain où elles devront défiler, le major de la place en fera avertir l'officier général ou le commandant de la place, par un officier-major de ladite place, et le gouverneur ou le lieutenant de roi par un sergent.

19. Pendant ce temps-là l'officier commandant le poste de l'ancienne garde, qui sera sur la place d'armes, lui fera prendre les armes et fera débarrasser la place de tout ce qui pourroit empêcher que les nouvelles gardes ne s'y missent en bataille, et y fissent les évolutions nécessaires.

Il fera aussi placer des sentinelles autour du terrain que lesdites nouvelles gardes devront occuper, et assez en avant d'elles pour que leur front soit libre de manière à pouvoir y manœuvrer.

20. Toutes ces dispositions étant faites, le major de la place fera faire un roulement pour servir de signal aux officiers, sous-officiers et soldats, de porter leurs armes et de s'aligner ; il fera ensuite le commandement *marche.*

3

21. A ce commandement, toute la garde marchera en bataille, s'alignant sur le centre, et se portera sur l'emplacement où elle devra défiler.

Le premier rang de la garde de cavalerie ou de dragons à cheval, sera aligné sur le premier rang de l'infanterie; les tambours battront *aux champs*, et le trompette sonnera *la marche*.

22. Le commandant et les autres officiers de l'état-major de la place ne pourront se dispenser de se trouver tous les jours à la parade, à moins que leur présence ne fût absolument nécessaire ailleurs pour le bien du service.

23. Tous les officiers des régimens qui seront dans une place, seront tenus, sans exception, depuis le colonel ou le mestre-de-camp jusqu'au porte-drapeau, porte-étendard ou porte-guidon, de se trouver pareillement à la parade, à moins qu'ils ne soient employés pour quelque autre service ou occupés à leurs exercices.

24. On rendra alors les comptes de tout ce qui se sera passé pendant les vingt-quatre heures, dans l'ordre prescrit au titre XXI.

25. Dès que les nouvelles gardes arriveront sur le terrain où elles devront défiler, les officiers de la garnison s'y rangeront sur plusieurs rangs vis-à-vis la garde, et par ancienneté de régiment, de manière que les officiers du plus ancien régiment se trouvent vis-à-vis la droite de la garde, et ceux du moins ancien vis-à-vis la gauche.

Les commandans des corps se placeront à deux pas en avant des officiers de leur régiment.

26. Lorsque lesdits officiers de la garnison ne pourront, pour raison de maladie, se trouver à la parade, ils en feront avertir le major de leur régiment, afin qu'il en soit rendu compte au commandant du corps; et si c'est un officier supérieur, il en fera prévenir le major de la place, pour qu'il en rende compte au commandant de la place.

27. Les nouvelles gardes étant en bataille, le major de la place fera ouvrir les rangs à quatre pas de dis-

tance, et il remettra un état de la garde à l'officier-général et au commandant de la place.

28. Alors l'officier-général, et à son défaut le commandant de la place, fera l'inspection des nouvelles
gardes; s'il trouve que tout ne soit pas en règle, il
s'en plaindra au commandant du corps dans lequel il
aura manqué quelque chose.

L'officier-général pourra, lorsque la garde sera nom-
breuse, se faire aider dans cette inspection par le commandant et le major de la place, qui alors verront
chacun un rang.

29. Les nouvelles gardes seront conduites aux postes
où elles devront se rendre, par des soldats d'ordonnance, détachés des anciennes gardes de ces postes,
lesquels soldats d'ordonnance se trouveront sur la
place d'armes une demi-heure avant que la nouvelle
garde y arrive : ces soldats d'ordonnance ne seront employés que jusqu'à ce que tous les postes soient bien
connus par les troupes de la garnison.

30. Pendant que l'officier-général ou le commandant
de la place fera l'inspection prescrite par l'art. 28, un
officier-major de la place rangera les ordonnances des
anciens postes sur une même ligne, à vingt pas des
gardes, et chacune d'elles en face du détachement
qu'elle devra conduire.

Lorsque la garde se rompra les ordonnances marcheront chacune à quatre pas en avant du détachement
qu'elles conduiront.

31. Cette dernière inspection étant faite, l'officier-
général ou le commandant de la place ordonnera au
major de la place, ou à tel officier qu'il jugera à propos, de faire charger les armes.

32. Le commandant de la place ordonnera ensuite de
faire défiler les gardes; alors le major de la place ou
l'officier désigné par ledit commandant, fera faire un
roulement, et fera ensuite les commandemens nécessaires pour faire serrer les rangs, mettre la garde en
colonne et la faire défiler.

33. Si le terrain ne permet pas aux nouvelles gardes
de se rompre par un seul et même mouvement, chaque

division défilera l'une après l'autre, lorsque l'officier ou sous-officier qui la commandera lui fera le commandement, *marche*.

34. Dès que les nouvelles gardes commenceront à défiler, les tambours battront *aux champs*, et ils ne cesseront de battre qu'après que la dernière division aura pris le chemin de son poste : le trompette qui marchera à la tête de son détachement, sonnera *la marche*, à moins que l'officier-général n'en ordonne autrement.

35. Lorsqu'il y aura deux officiers dans la même division, le moins ancien en prendra la queue en défilant; s'il y a deux sergens, le premier se placera à la droite du premier rang, et le second à la droite du dernier; les rangs observeront entre eux deux pas de distance, et le tambour, s'il y en a un, marchera sur la droite.

Tous les commandans des divisions marcheront à la tête de leur division, à deux pas du premier rang.

36. Conformément à ce qui a été prescrit par l'ordonnance qui règle l'exercice, les officiers et sergens n'ôteront point leur chapeau en défilant devant l'officier-général ou le commandant de la place, et ils porteront la tête de son côté.

A l'égard des détachemens de cavalerie et de dragons qui monteront la garde à cheval, ils défileront de même sans saluer.

37. Les gardes, tant en allant de la place d'armes à leur poste qu'en revenant de leur poste à leurs quartiers, lorsqu'elles descendront la garde, porteront l'arme au bras, et marcheront au pas de route, les officiers et sous-officiers qui les conduiront, leur feront observer le plus grand silence et le plus grand ordre : les officiers supérieurs des corps veilleront particulièrement à ce que les officiers et sous-officiers de leur régiment ne se négligent jamais à cet égard.

38. Quand un officier-major de la place verra quelque officier ou sous-officier conduire sa troupe en désordre, il en rendra compte sur-le-champ au comman-

dant de la place , qui ferant punir ledit officier ou sous-officier à la descente de la garde.

TITRE XI.

Du service des gardes dans leur poste.

ART. 1er. Lorsque la nouvelle garde approchera du poste qu'elle devra relever , l'officier ou sous-officier qui la commandera, lui fera porter les armes, et ordonnera au tambour ou au trompette, s'il y en a , de battre ou de sonner *la marche.*

2. Les officiers ou sous-officiers qui commanderont l'ancienne garde, lui feront prendre aussitôt les armes ou monter à cheval, et la feront ranger de manière qu'elle laisse sur la gauche le terrain nécessaire pour que la nouvelle garde puisse s'y former ; le tambour et le trompette, s'il y en a , battront et sonneront *la marche.*

3. Les gardes d'infanterie , qui ne seront composées que de six hommes , se mettront en haie ; celles qui seront composées de douze, se formeront sur deux rangs ; celles de dix-huit et au-dessus , sur trois rangs.

4. Les gardes de cavalerie et de dragons, soit à pied ou à cheval, ne seront jamais formées que sur un ou deux rangs.

De quelque nombre d'hommes que soit composée une garde , elle sera toujours partagée en deux ou quatre divisions , afin que si les circonstances exigent qu'une garde tire, elle ne se dégarnisse pas à la fois de tout son feu.

5. Tout officier commandant un poste se placera toujours devant le centre de sa garde , à deux pas en avant du premier rang ; tout sous-officier commandant un poste se placera sur le flanc droit , et s'il y a un tambour , il se placera à la droite de ladite garde.

6. Toutes les fois que les gardes prendront les armes ou se montreront hors du corps-de-garde , elles se rangeront toujours dans le même ordre.

7. Si les gardes doivent être en haie et que le terrain ne permette pas à la nouvelle garde de se former à la gauche de l'ancienne, celle-ci se placera en avant du corps-de-garde, et y faisant face à quelque distance, pour laisser la place à la nouvelle de se former entre elle et ledit corps-de-garde.

8. Les officiers, sergens et maréchaux-des-logis des deux gardes s'avanceront alors les uns vers les autres, et ceux de la garde descendante donneront la consigne à ceux de la garde montante.

9. Le commandant de la nouvelle garde ordonnera ensuite au premier caporal ou au premier brigadier d'aller prendre possession du corps-de-garde.

10. Ce caporal ou brigadier sera nommé le caporal ou brigadier de consigne du poste.

11. Dans les petits postes qui seront commandés par un caporal, ledit caporal sera en même temps le caporal de consigne.

12. Le caporal ou brigadier de consigne de la nouvelle garde visitera avec celui de l'ancienne les corps-de-gardes, bancs, tables, vitres, falots, guérites, et toutes les autres choses consignées, pour voir si elles sont en bon état, ou s'il y aura été commis des dégradations, auquel cas il en sera rendu compte au major de la place, qui en avertira le commandant de ladite place, pour faire réparer lesdites dégradations aux dépens des officiers et sous-officiers de la garde descendante.

13. Les caporaux ou brigadiers de consigne seront mis en prison toutes les fois qu'il sera fait des dégradations aux choses qui leur seront consignées.

14. Pendant que les caporaux ou brigadiers de consigne visiteront les corps-de-garde, le commandant de la nouvelle garde fera l'inspection des armes.

15. Les caporaux et brigadiers d'un même poste partageront entre eux le temps de leur garde, en sorte qu'ils aient un service égal à faire entre eux, soit de jour, soit de nuit; ils régleront pareillement le temps de la garde des soldats, cavaliers ou dragons, de manière qu'ils aient autant d'heures de faction à faire les

uns que les autres ; et lorsque ce partage ne pourra se faire exactement, le sort en décidera.

16. Le caporal ou brigadier chargé de poser les sentinelles, pendant le temps qu'il remplira cette fonction, s'appellera le caporal ou le brigadier de pose ; il prendra la consigne de celui qui aura fait la pose précédente, et ils iront ensemble relever les anciennes sentinelles et poser les nouvelles.

17. Un caporal commandant un petit poste pourra se faire aider pour poser et relever les sentinelles par l'appointé ou le plus ancien soldat.

18. L'état-major de la place fera dresser, d'après la présente ordonnance, des consignes particulières pour les commandans, sous-officiers et sentinelles de tous les postes, de manière que la garde de la place d'armes n'ait dans ses consignes que ce qui sera relatif à son service, de même que les gardes aux portes, les postes intérieurs, postes extérieurs et les gardes à cheval.

Le commandant de la place joindra à ses consignes celles qu'il jugera nécessaires pour la sûreté et le bon ordre de la place, et pour les différens cas d'alarmes.

19. Les consignes générales et particulières de chaque poste seront par écrit collées sur une planche, et déposées dans le corps-de-garde du commandant du poste ; les commandans des postes, caporaux et brigadiers de consigne, se les consigneront successivement de l'un à l'autre.

S'il y a dans la place des régimens étrangers, il y aura des traductions des consignes dans leur langue, qui seront collées sur une planche séparée.

Celles qui concerneront les fonctions des sous-officiers et celles des sentinelles, seront pareillement par écrit collées sur une planche dans le corps de-garde des soldats, cavaliers ou dragons, avec la traduction. La dépense des unes et des autres se fera aux dépens de Sa Majesté, sur les ordres des intendans des provinces.

20. Après que la visite du poste aura été faite par les caporaux ou brigadiers de consigne de la nouvelle et de l'ancienne garde, et qu'il les auront rejointes, le commandant de la garde montante désignera les sentinelles

de la première pose, après quoi il fera le commandement, *première pose en avant.*

A ce commandement, le caporal ou le brigadier, et
les soldats, cavaliers ou dragons de la première pose,
formeront un rang en avant de la garde, et le caporal
ou brigadier de pose les numérotera.

Le commandant de la garde ayant ensuite ordonné
au caporal ou au brigadier d'aller relever les sentinelles, ce caporal ou brigadier de pose, et celui de la
garde descendante, iront ensemble relever lesdites sentinelles dans l'ordre prescrit par les articles 48 et suivans du présent titre.

21. Les sentinelles des différentes poses seront fournies sur toutes les divisions du poste.

22. Pendant qu'on relèvera les sentinelles, les commandans des deux gardes visiteront ensemble les avenues du poste, et celui qui relèvera prendra de l'autre
tous les éclaircissemens nécessaires sur les consignes et
sur le service de son poste.

23. Les sergens, maréchaux-des-logis, caporaux et
brigadiers qui auront été détachés d'une garde, la rejoindront dès qu'ils auront été relevés.

A leur retour ils rendront compte à l'officier commandant ladite garde, et feront devant lui l'appel des
soldats, cavaliers ou dragons qui auront été détachés
avec eux.

24. Le commandant de l'ancienne garde ayant ras-
semblé tous les petits postes et sentinelles, il les fera
rentrer dans les rangs, et se mettra en marche, le tambour ou trompette de sa garde battra ou sonnera *la
marche*, et de même celui de la nouvelle garde.

25. Lorsqu'il sera à environ cinquante pas du poste,
il fera les commandemens nécessaires pour remettre la
baïonnette dans son lieu et pour porter l'arme au bras,
ou si c'est un poste à cheval, pour remettre le sabre
dans le fourreau, et il ordonnera au plus ancien sergent, maréchal-des-logis, caporal ou brigadier, de re-
mener la garde au quartier du régiment.

26. Les sous-officiers commandant des petits postes
descendront la garde dans le même ordre, et remène-

ront eux-mêmes leur détachement au quartier du régiment.

27. Tout sous-officier qui ne conduira pas les détachemens de son régiment dans le meilleur ordre et dans le plus grand silence, sera mis en prison.

28. Après le départ de l'ancienne garde, le commandant de la nouvelle lui fera faire *demi-tour à droite*, et ensuite *haut les armes*, pour les placer par division au râtelier des armes du corps-de-garde ; si c'est une garde de cavalerie, il fera remettre le sabre dans le fourreau, fera les commandemens nécessaires pour faire mettre pied à terre à sa troupe, et lui ordonnera de mettre les chevaux dans l'écurie du corps-de-garde.

29. Aussitôt que la garde sera rentrée, le commandant du poste ira visiter ses sentinelles : il lira avec soin les consignes générales et particulières données à son poste, et il instruira ensuite les sergens, maréchaux-des logis, caporaux ou brigadiers, de tout ce qu'ils auront à faire.

3o. Les caporaux ou brigadiers de consigne enverront chercher par des soldats de la garde le bois, le charbon et les chandelles qui devront être fournis pour les corps-de-garde : les soldats tireront entre eux pour cette corvée : ceux à qui le sort sera échu la feront en veste et en bonnet, conservant leur giberne pour marque de service ; mais ils ne porteront jamais le bois ou le charbon sur leurs épaules, devant y avoir toujours dans chaque poste un brancard, brouette ou panier destiné à cet usage, dont la dépense sera faite par Sa Majesté, sur les ordres des intendans des provinces.

31. Les officiers de garde seront obligés de rester à leur poste et d'y faire leurs repas, sans pouvoir s'en éloigner, sous tel prétexte que ce soit ; ils ne quitteront point leur épée ni leur hausse-col pendant tout le temps qu'ils seront de garde ; les officiers de cavalerie ou de dragons ne quitteront pas leurs bottes.

32. Il n'y aura dans leur corps-de-garde qu'un fauteuil de cuir et une table, dont la dépense sera faite par Sa Majesté, sur les ordres de l'intendant de la province sans qu'il soit jamais permis d'y faire porter d'autres meubles.

33. Tout commandant d'une garde ne pourra donner à boire ou à manger dans son poste à qui que ce soit, qu'à ceux qui seront de garde avec lui.

34. Il sera pareillement défendu à tout officier de garde de jouer dans son poste ou d'y laisser jouer.

35. Tout officier ou sous-officier commandant un poste veillera, pendant la durée de sa garde, sur les soldats, cavaliers ou dragons de son poste, pour leur faire remplir tous leurs devoirs; il se promènera souvent au dehors de son poste, afin de mieux voir ce qui s'y passera.

36. Il fera faire l'appel de sa garde toutes les fois qu'on relèvera les sentinelles, et plus souvent s'il le juge à propos.

37. Il fera sortir, aussi souvent qu'il le jugera nécessaire, sa garde avec armes ou sans armes, pour habituer les soldats, cavaliers ou dragons à se former promptement, et il punira les plus paresseux.

38. Il contiendra sa garde, toutes les fois qu'elle sera sous les armes, dans le plus grand ordre et le plus grand silence.

39. Il ne permettra à aucun soldat, cavalier ou dragon de sa garde de s'écarter; lesdits soldats, cavaliers ou dragons devant se faire apporter à manger par leurs camarades.

40. Les soldats, cavaliers ou dragons de garde qui mériteront d'être punis, seront condamnés, pour les fautes ordinaires, à faire les corvées de la garde; et dans les cas graves, le commandant du poste les fera arrêter, et en rendra compte au commandant de la place.

Nul soldat, cavalier ou dragon, étant de garde, ne pourra être arrêté sans la participation du commandant du poste.

41. Les commandans des postes de cavalerie enverront à l'abreuvoir aux heures qui seront fixées, mais ils observeront de n'y envoyer jamais qu'une division de la garde à la fois.

42. Il ne sera jamais posé de vedettes dans l'intérieur d'une place, hors les cas indispensables, et la

garde à cheval de la place d'armes fournira devant son poste une sentinelle à pied.

43. Les sentinelles seront relevées de deux heures en deux heures.

Pendant les fortes gelées, elles seront relevées d'heure en heure, mais le major de la place en avertira à l'ordre.

44. Autant qu'il se pourra, il ne sera jamais posé de sentinelle qu'elle ne puisse être entendue de son poste, et communiquer avec lui directement ou par des sentinelles intermédiaires.

45. Avant que les sentinelles partent d'un poste, le caporal ou brigadier de pose les présentera toujours au commandant du poste.

46. Celui-ci les fera mettre en haie, et s'assurera si leurs armes sont bien amorcées et garnies de pierres bien assujetties.

47. Il réglera, avant leur départ, les lieux où chacune d'elles devra être posée ; les plus vieux soldats, cavaliers ou dragons seront mis en faction devant les armes et aux postes avancés, et les soldats, cavaliers ou dragons de recrue dans les postes voisins de la garde, afin que les officiers et sous-officiers soient à portée de les instruire de leur devoir.

48. Le caporal ou le brigadier de pose, allant relever, portera l'arme sur le bras droit, toutes les sentinelles le suivront portant leurs armes, sans qu'aucune puisse prendre un chemin plus court pour aller attendre ledit caporal ou brigadier de pose aux endroits où elle sauroit devoir être placée.

49. Le caporal ou brigadier de pose commencera par la sentinelle de devant les armes, qui seule ne sera pas tenue de le suivre après avoir été relevée ; il ira ensuite relever les sentinelles les plus éloignées, qui, après l'avoir été, le suivront dans l'ordre prescrit par l'article précédent.

50. Les sentinelles en se relevant se présenteront les armes l'une à l'autre, au commandement qui leur en sera fait par le caporal ou brigadier de pose, et elles se donneront la consigne en présence dudit caporal ou

brigadier, qui s'avancera seul pour l'entendre donner. Les sentinelles qui ne seront pas encore posées, ou celles qui seront déjà relevées, s'arrêtant six pas derrière lui.

51. La consigne étant donnée, le caporal de pose fera les deux commandemens, *portez vos armes, marche ;* au premier de ces commandemens l'ancienne et la nouvelle sentinelle porteront leurs armes, et au second commandement le caporal de pose et l'ancienne sentinelle rejoindront les autres pour continuer la pose, si elle n'est pas finie, ou pour retourner au poste en cas qu'elle le soit.

52. Le caporal ou brigadier de pose examinera en posant les sentinelles si dans les guérites ou à côté il n'aura pas été mis des pierres pour s'asseoir, et si les fenêtres des guérites ne sont pas bouchées, auxquels cas il fera ôter lesdites pierres, déboucher les fenêtres, et en rendra compte au commandant du poste, afin que la sentinelle qui sera trouvée en faute soit punie.

Le caporal ou brigadier de pose rendra toujours compte, en arrivant de sa pose, au commandant du poste, et lui présentera les anciennes sentinelles.

53. Les sentinelles ne se laisseront jamais relever ou donner de nouvelle consigne que par les caporaux de leur poste.

54. Les sentinelles auront toujours la baïonnette au bout du fusil, sans couvre-platine ni capucine au bassinet, et elles porteront l'arme au bras, se reposeront dessus, et pourront les porter pendant le mauvais temps sous le bras gauche.

55. Les sentinelles, pendant le temps qu'elles seront en faction, ne pourront jamais quitter leurs armes, pas même dans leur guérite, ni s'asseoir, lire, chanter, siffler ou parler à personne sans nécessité, ni, en se promenant, s'écarter de leur poste à plus de trente pas.

56. Les sentinelles ne souffriront pas qu'il se fasse aucune ordure ou dégradation aux environs de leur poste.

57. Toute sentinelle qui sera trouvée en contravention sur quelqu'un de ces objets, ou qui manquera à

sa consigne, sera mise au piquet pendant huit jours ,
et punie à la descente de sa garde plus rigoureusement,
suivant l'exigence du cas.

58. Les sentinelles s'arrêteront, feront *face en tête* et
porteront les armes lorsqu'il passera à portée d'elles,
soit une troupe, soit des officiers de tels régimens qu'ils
soient ; elles présenteront les armes pour les officiers
généraux, pour le commandant et le major de la place,
et pour les officiers supérieurs de leur régiment.

59. Les sentinelles postées sur le rempart feront face
aux personnes qui passeront près d'elles ; elles s'arrêteront, porteront ou presenteront les armes dans cette
position.

60. Les sentinelles présenteront les armes pendant la
nuit quand les rondes et patrouilles passeront, et quand
elles croiront devoir se mettre en état de défense.

61. Les sentinelles qui seront posées aux magasins à
poudre feront faction avec une hallebarde, et poseront
leurs armes dans la guérite.

A cet effet le garde d'artillerie fournira, sur l'ordre
du commandant de la place, deux hallebardes pour
chaque magasin à poudre, une restera au corps-de-
garde, et y sera tenue en état par les soldats de la garde ;
elle servira pour remplacer celle de la sentinelle, lorsqu'elle aura besoin d'être éclaircie.

S'il n'y a pas de hallebarde dans l'arsenal, on leur
fournira d'autres armes de longueur et de défense.

62. Les sentinelles se tiendront fort alertes à observer, du plus loin qu'elles pourront, tout ce qui se passera à portée de leur poste ; pour cet effet, elles ne resteront dans leur guérite que pendant les mauvais temps,
et même alors elles en sortiront toutes les fois qu'elles
verront s'approcher d'elles, pendant le jour, un officier-général ou supérieur, et pendant la nuit, une
troupe telle qu'elle soit.

63. Lorsqu'une sentinelle verra ou entendra quelqu'un en querelle auprès de son poste, elle criera, *à la
garde ;* cet avertissement passera de sentinelle en sentinelle jusqu'au poste, qui enverra plusieurs fusiliers aux
ordres d'un sous-officier, pour arrêter les querelleurs.

64. Si les sentinelles aperçoivent quelque incendie, elles crieront *au feu* ; cet avertissement passera de sentinelle en sentinelle jusqu'au poste, dont le commandant se conformera à ce qui est réglé par les articles 105 et 106 du présent titre.

65. Les sentinelles posées devant les armes, avertiront promptement lorsqu'elles apercevront un officier-général, le commandant de la place ou autre, pour lequel la garde devra prendre les armes ou se montrer hors du corps-de-garde.

66. Quand la garde devra prendre les armes, la sentinelle criera, *aux armes* ; et quand la garde devra sortir sans armes, la sentinelle criera, *hors la garde* ; alors les soldats, cavaliers ou dragons sortiront promptement du corps-de-garde.

67. Les sentinelles qui garderont un magasin tel qu'il soit, n'y laisseront entrer personne qu'après en avoir averti le caporal de garde, et qu'après que le commandant du poste aura examiné si les personnes qui demandent à entrer dans le magasin sont réellement chargées d'en prendre soin.

68. Les sentinelles ne se laisseront jamais approcher de trop près par qui que ce soit, et particulièrement pendant la nuit ; pour cet effet, elles feront passer alors, autant que cela sera possible, les allans et venans du côté opposé à celui où elles seront posées.

69. Lorsque la nuit sera fermée, les sentinelles crieront d'une voix forte, *qui vive ?* et elles ne laisseront passer personne qu'il ne leur ait été répondu de façon à se faire connoître.

70. Si après qu'une sentinelle aura crié trois fois *qui vive*, on continue de s'approcher d'elle sans répondre, elle criera, *halte-là !* et avertira en même temps qu'elle va tirer ; et si, malgré cet avertissement, on continue de s'avancer pour vouloir la forcer, elle tirera et appellera la garde.

71. Les sentinelles qui seront placées sur les remparts, n'y laisseront passer pendant la nuit absolument que les rondes et les patrouilles.

72. Lorsque la sentinelle d'un poste apercevra une

ronde ou une patrouille, elle criera, *qui vive ?* et lorsque cette ronde ou patrouille se sera annoncée, elle criera, *caporal hors la garde, ronde* ou *patrouille,* en expliquant, si c'est une ronde, l'espèce dont elle sera.

Le caporal sortira alors du corps - de - garde, se faisant éclairer par un soldat, s'avancera à la sentinelle qui sera devant les armes, criera, *qui vive ?* lorsqu'on lui aura répondu, et qu'il aura reconnu la ronde ou patrouille, il criera, *avance qui a l'ordre,* présentera ses armes pour se mettre en défense contre celui qui s'avancera, en recevra le mot, et si c'est celui qui a été donné à l'ordre de la place, il laissera passer la ronde ou patrouille.

73. Lorsqu'une sentinelle aura commis quelque faute qui méritera punition, elle sera punie à la descente de la garde, conformément à l'article 57 du présent titre; si la faute est grave, elle sera relevée sur-le-champ et arrêtée par ordre du commandant du poste : Sa Majesté défendant à tout officier ou sous - officier, sous peine d'être cassé, de les frapper ou insulter pendant leur faction.

74. S'il arrivoit qu'un bourgeois ou habitant insultât ou frappât une sentinelle, le commandant de la place le fera mettre en prison, et en rendra compte à Sa Majesté, qui ordonnera de sa punition.

75. Les commandans des postes emploieront toujours pour les ordonnances, rapports ou reconnoissances, les soldats, cavaliers ou dragons les plus intelligens de la garde, et ceux-ci s'en acquitteront avec la plus grande diligence et exactitude.

76. Les commandans des gardes aux portes ne laisseront entrer aucun soldat, cavalier ou dragon, autre que de la garnison, sans s'être fait représenter son congé; ils feront arrêter tous ceux qui se présenteront sans en être munis, et ils en rendront compte sur-le-champ au commandant de la place.

77. Ils feront arrêter pareillement tous les sous-officiers, soldats, cavaliers et dragons de la garnison qui se présenteront pour sortir de la place, sans être munis d'une permission dans les formes, ou sans être conduits par des officiers.

78. Ils ne laisseront entrer dans la place aucuns étrangers, sans qu'ils aient été interrogés par le consigne de la porte, pour savoir qui ils sont, d'où ils viennent, où ils vont, où ils comptent loger, et s'ils doivent y rester long-temps : lorsqu'il n'y aura point de consignes aux portes, ils tiendront registre de leurs réponses, et se conformeront à ce qui est prescrit par les articles 5 et suivans du titre XIX.

79. Lesdits étrangers seront ensuite conduits par un ou deux fusiliers, suivant leur nombre, à l'officier de garde sur la place d'armes.

80. Lorsque ces étrangers seront d'une certaine considération, ils ne seront point conduits pas des fusiliers, soit chez le commandant de la place, soit au corps de-garde de la place, les consignes des portes, ou à leur défaut, les commandans des gardes auxdites portes, dresseront sur-le-champ un billet, par lequel ils annonceront l'arrivée de ces étrangers et le lieu où ils devront loger, lequel billet sera envoyé aussitôt, par un soldat de la garde, audit commandant de la place.

81. Les commandans des avancées ou portes ne laisseront entrer dans la place aucun mendiant, à moins qu'il ne soit avoué ou muni de passe-port.

82. Dès que la sentinelle de l'avancée découvrira une troupe, elle appellera la garde, qui prendra les armes sur-le-champ, et fermera la première barrière.

83. Lorsque ladite troupe sera à environ trois cents pas du glacis ou de la barrière, le commandant du poste l'enverra reconnoître par quatre fusiliers avec un sous-officier, lequel s'avancera jusqu'à trente pas en avant des sentinelles ; et lorsque la troupe qu'il voudra reconnoître sera à portée de l'entendre, il fera faire *haut les armes* à ses soldats, et criera, *qui vive ?* lui ayant été répondu *France*, il criera, *de quel régiment ?* et quelque réponse qui lui ait été faite, il criera, *halte-là !* si après l'avoir répété une troisième fois, la troupe avançoit toujours, il fera faire *feu* sur elle, et se retirera derrière la première barrière, qu'il fermera, et il y tiendra ferme ; pendant ce temps-là, l'officier de garde

fera promptement lever les ponts , et détachera la moitié de sa garde sur le rempart , pour faire *feu* et protéger son avancée.

84. Si au contraire ladite troupe s'arrête, ledit sous-officier, quand bien même elle se seroit dite un régiment, bataillon ou toute autre troupe, s'avancera seul pour la reconnoître encore de plus près, ne devant se fier à cet égard, ni à l'uniforme, ni aux autres marques distinctives, et menera le commandant de ladite troupe au commandant de son poste, lequel examinera alors lui-même ledit officier, le gardera à son poste, et rendra compte par écrit au commandant de la place, la troupe arrivante restant cependant toujours arrêtée en dehors de la première barrière, jusqu'à ce que le commandant de la place ait envoyé un officier-major de la place, ou un ordre par écrit, pour faire entrer cette troupe ; le commandant du poste tiendra sa garde sous les armes, jusqu'à ce que ladite troupe soit passée.

Le commandant d'une place prendra cependant les précautions nécessaires pour faire rentrer sans retard les troupes de la garnison qui seroient sorties pour les exercices, conformément à ce qui est prescrit par l'article 5 du titre XXII.

85. Les tambours , timbaliers et trompettes des troupes qui entreront dans une place, battront et sonneront *la marche* dès les postes avancés ou la première barrière , et de même les tambours ou trompettes des gardes devant lesquelles elles passeront.

86. S'il se présente aux portes des tambours ou trompettes venant des ennemis , le commandant du poste les fera entrer sur-le-champ dans le corps-de-garde de l'avancée, et en rendra compte au commandant de la place, qui enverra aussitôt un officier-major pour traiter avec eux des objets qui les amèneront , sans souffrir qu'ils entrent dans la place, ni qu'ils parlent à qui que ce soit.

87. Lorsqu'il s'y présentera des déserteurs des troupes des puissances voisines ou ennemies , on ne souffrira point qu'ils parlent à personne, et ils seront con-duits aussitôt chez le commandant de la place : en

temps de guerre et dans les places frontières de l'ennemi , les déserteurs seront toujours désarmés avant d'être
introduits dans la place ; et s'ils arrivent en trop grand
nombre , les commandans des postes les feront rester à
la première barrière , et enverront avertir sur-le-champ
le commandant de la place.

88. Lorsqu'il se présentera des voitures couvertes
pour entrer dans la place , et qu'elles paroîtront sus-
pectes , elles seront visitées par le consigne de la porte,
avec un caporal et quelques fusiliers, pour examiner si
elles ne renferment rien qui tende à surprise.

89. Avant de laisser entrer aucune voiture , la sentinelle de la barrière criera, *arrête là-bas*, ce qui sera
répété de sentinelle en sentinelle jusqu'à celle de la
porte de la place ; cette dernière sentinelle empêchera
alors toute voiture de sortir, et s'il n'y en a point entre
les portes, elle criera *marche*, ce qui sera répété de
sentinelle en sentinelle jusqu'à celle de l'avancée, qui
fera défiler les voitures de distance en distance, de
manière que tous les ponts ne soient point embarrassés
en même temps, et que l'on en puisse toujours lever un
en cas de besoin.

90. Si quelque chariot venoit à casser sur les ponts,
le commandant du poste feroit aussitôt lever les autres
ponts et prendre les armes à sa garde, jusqu'à ce que
ledit chariot ait été retiré.

91. Les sentinelles ne souffriront point qu'aucune
voiture s'arrête entre les portes ni sur les ponts-levis,
ou sous les orgues, grilles ou herses, et elles empêcheront aussi de trotter ou galoper sur les ponts-levis.

92. Pendant que les voitures du dehors entreront, la
sentinelle de la porte fera ranger les voitures qui se présenteront pour sortir, de manière qu'elles n'embarras-
sent point le passage.

Lorsque toutes les voitures arrivantes seront passées,
ladite sentinelle criera à son tour, *arrête ;* cette parole
étant passée à la sentinelle de l'avancée, elle répondra,
marche ; alors la sentinelle de la porte fera mettre en
marche les voitures qui voudront sortir, avec les précautions ci-dessus détaillées.

93. Les commandans des gardes aux portes et aux avancées, se conduiront pour l'ouverture et la fermeture des portes comme il est prescrit aux articles 11 et suivans du titre XII.

94. La garde d'infanterie de la place d'armes sera principalement chargée de la police de la place; on renverra à son poste tous les étrangers, gens sans aveu, et es soldats ou habitans faisant du désordre.

95. L'officier commandant cette garde, interrogera tous les étrangers qui lui seront envoyés, et fera conduire chez le commandant de la place tous ceux venant des terres d'une autre domination, ou y allant.

Quant aux autres, ledit commandant de la place pourra, s'il le juge à propos, charger l'officier de garde sur la place d'armes, de les examiner et de les laisser passer, s'il lui paroit qu'on puisse le faire sans inconvénient, sinon de les faire conduire chez le major de la place.

96. Dès que les portes auront été fermées, les caporaux poseront les sentinelles d'augmentation pour la nuit, dans les postes qui leur auront été marqués.

Ils les instruiront avec exactitude de ce qu'ils auront à faire, et visiteront les autres sentinelles pour leur faire répéter leur consigne.

97. Les commandans des postes de l'intérieur de la place enverront, immédiatement après la fermeture des portes, sur la place d'armes, un sous-officier de leur garde, pour prendre le mot au cercle, où il se placera suivant le rang de son régiment.

98. Si le poste est commandé par un sous-officier, ce sera le caporal ou brigadier qui ira à l'ordre; et s'il est commandé par un simple caporal ou brigadier, ce sera un appointé ou un carabinier.

99. Les postes extérieurs recevront le mot d'un officier-major de la place, avant la fermeture des portes.

Ceux qui seront éloignés, enverront à l'avancée de la porte la plus voisine de leur poste, un sous-officier pour le recevoir dudit officier-major.

100. Tous les commandans des postes redoubleront

de vigilance pendant la nuit, pour que les poses, trouilles et factions soient faites avec exactitude.

101. Aussitôt que les portes seront ouvertes, caporaux retireront les sentinelles d'augmentation qu auront posées pendant la nuit, et feront nettoye balayer le corps-de-garde, le dessous des portes, ponts et les environs de leurs postes; ces corvées ser faites par les soldats, cavaliers ou dragons, qui tirer au sort à cet effet.

102. A neuf heures du matin, les caporaux et gadiers de consigne de tous les postes porteront le major de la place les registres et les boîtes des ror et patrouilles, avec le rapport par écrit, signé du c mandant du poste, de tout ce qui aura pu y arr pendant la nuit ou à l'ouverture des portes.

Quand lesdites boîtes et registres auront été vér par ledit major, les caporaux de consigne les porter au corps-de-garde de la place d'armes, les remett au caporal de consigne de cette garde, et retourner sur-le-champ à leurs postes.

103. Une heure avant que les gardes défilent d place d'armes, tous les postes enverront sur la place un soldat d'ordonnance, qui sera placé à la pa comme il a été dit à l'article 30 du titre X, et cond le nouveau détachement qui devra relever son post

104. En cas d'alarme, toutes les gardes prend les armes ou monteront à cheval; si c'est pendan jour, les officiers ou sous-officiers de garde aux po feront fermer sur-le-champ les barrières et lever ponts-levis de l'avancée, et en donneront avis au c mandant de la place.

Toutes les gardes, soit à pied ou à cheval, se c formeront au surplus, suivant l'espèce de l'alarme, consignes particulières qui auront été données à poste.

105. En cas d'incendie, le commandant du pre poste où l'on s'en apercevra, enverra sur-le-champ caporal et deux soldats, pour voir si le feu est da reux; et s'il paroît tel au caporal, il l'enverra dire le-champ au commandant du poste, qui y enverra

autre caporal ou un appointé, et six hommes ou davantage, suivant la force de son poste, pour empêcher le désordre et faciliter les premiers secours : ils n'en laisseront approcher que ceux qui porteront des seaux, des pompes, des échelles, des crocs, ou autres instrumens pour éteindre le feu.

106. Le commandant du poste en fera avertir en même temps le major et le commandant de la place; il en fera pareillement avertir le commandant de la garde de la place d'armes, qui y enverra sur-le-champ un détachement plus ou moins considérable, suivant la force de son poste, pour le joindre à celui de l'autre garde qui y sera déjà, et empêcher conjointement le désordre; ces détachemens retourneront chacun à leur poste, lorsqu'il sera arrivé des détachemens de la garnison à l'endroit où sera le feu.

107. Les commandans des postes à cheval se conduiront, dans les mêmes cas, ainsi qu'il est prescrit ci-dessus aux postes d'infanterie, faisant pareillement avertir le commandant de la place, et de plus le poste d'infanterie le plus voisin.

108. Lors des processions la moitié des gardes se tiendra sous les armes alternativement; s'il y a un grand concours d'étrangers auxdites processions, on fermera les barrières et on levera un pont-levis à chaque porte; on ajoutera encore à cette précaution de tenir sous les armes toutes les compagnies de grenadiers.

109. Les jours de foire et de marché, la moitié des gardes se tiendra alternativement sous les armes, ainsi qu'il est prescrit par l'article 108, et chacune d'elles fera des patrouilles continuelles dans les rues voisines de son poste.

110. A l'égard des gardes à cheval elles seront placées où le commandant de la place le jugera le plus utile.

TITRE XII.

De l'ouverture et de la fermeture des portes.

ART. 1er. Les portes des places seront fermées, en temps de paix comme en temps de guerre, une demi-heure après le coucher du soleil, et elles ne seront ouvertes qu'une demi-heure avant le lever du soleil, à moins d'une nécessité absolue.

2. Les clefs des portes de la place seront entre les mains du commandant de la place, et enfermées chez lui dans un coffre de bois ferré ; celles de chaque porte seront mises dans un sac de cuir, sur lequel le nom de la porte sera écrit ; et les autres clefs dont on ne fera pas un usage journalier, seront toutes étiquetées, afin qu'on puisse reconnoître leur destination au besoin.

3. A l'égard des clefs des souterrains, poternes, écluses et des bâtimens du roi dépendant de la fortification, elles resteront entre les mains de l'ingénieur en chef de la place, chargé spécialement de l'*inspection* et de la conservation desdits ouvrages et bâtimens.

4. Si cependant les poternes destinées aux descentes de fossés et celles qui pourroient donner entrée dans la place, n'étoient point masquées en maçonnerie à l'extérieur, mais seulement fermées par des portes de charpente, les clefs en seroient remises au commandant de la place.

Il en sera de même des clefs des estacades ou barrières d'eau, et des écluses qui serviront de fermeture ou d'entrée dans la place ; mais ledit commandant ne pourra les refuser à l'ingénieur toutes les fois qu'il les lui demandera pour la manœuvre des eaux, ou pour en faire la visite, en prenant néanmoins toutes les précautions qu'il jugera nécessaires pour la sureté de la place.

5. Une heure avant la fermeture des portes le tambour ou le trompette de la garde montera sur le parapet du rempart pour y battre ou sonner la *retraite*.

6. A la même heure on sonnera une cloche à ce destinée, pour avertir les habitans, gens de la campagne

ou autres passagers, qui voudront entrer dans la ville où en sortir.

7. Il se trouvera, matin et soir, chez le commandant de la place, un sous aide major, ou à son défaut un aide-major de ladite place, pour faire la distribution des clefs lorsqu'on viendra les chercher.

8. Une demi-heure après que la cloche aura sonné, deux soldats de chacune des gardes aux portes, et les portiers, s'il y en a, iront chercher les clefs chez le commandant de la place.

9. Lorsque l'officier-major de la place aura remis à ces deux soldats ou au portier les clefs de leur poste, lesdits soldats retourneront sans perte de temps à leur poste, faisant marcher entre eux le portier chargé des clefs.

10. Dans les places où il n'y aura point de portiers établis, un de ces deux soldats sera sans armes, et après qu'il aura reçu les clefs, il retournera de même, sans perte de temps, escorté par l'autre soldat armé.

11. En même temps qu'on ira chercher les clefs, le commandant de la garde à l'avancée détachera un sous-officier et quatre fusiliers pour se placer à la première barrière, avec ordre d'examiner encore plus soigneusement que dans le reste du jour, les personnes qui pourroient s'y présenter; si le poste de l'avancée n'est pas assez considérable pour fournir ce petit détachement, ce sera la garde de la porte qui le fournira.

12. Les clefs arrivant aux portes, l'officier fera prendre les armes à sa garde, et attendra, pour fermer les portes, l'arrivée de l'officier-major de la place.

13. Lorsqu'il sera arrivé le commandant portera sa garde près de la porte, la partagera en double haie, fera présenter les armes, et fera avancer deux fusiliers jusques sur le pont-levis.

14. Il donnera ensuite à l'officier-major de la place deux autres fusiliers pour l'escorte des clefs, celui-ci se portera, avec lesdits fusiliers, d'abord à la barrière la plus avancée, qu'il fermera à la clef après qu'on aura retiré les sentinelles extérieures.

15. Lorsque l'officier - major de la place passera à

portée des officiers ou sous-officiers commandant les postes du dehors, il leur donnera le mot, ainsi qu'aux ordonnances des postes plus éloignés, qui, conformément à l'art. 103 du titre XI, devront se trouver sur son chemin pour le recevoir.

16. Il fermera ensuite successivement, en retournant vers la place, les autres portes et barrières, et fera lever les ponts-levis.

17. Le caporal de consigne éclairera avec un falot celui qui fermera les portes.

Il sera détaché de la garde de la porte ou des avancées des soldats avec leurs armes en bandoulière, pour aider aux manœuvres nécessaires, et ces soldats rentreront avec l'officier-major de la place.

18. Les commandans des gardes à qui les portes seront confiées, s'assureront, à mesure qu'on les fermera, que les verroux, serrures et cadenas soient effectivement bien fermés.

19. Pendant tout le temps que durera la fermeture des portes, le tambour de la garde battra *aux champs* sur le parapet du rempart.

Si cependant on ouvre la porte pendant la nuit, il ne battra point, toute batterie devant cesser depuis la retraite jusqu'au jour, hors les cas d'alarme.

20. Les portes étant fermées, les clefs seront reportées chez le commandant de la place dans le même ordre qu'on les aura été chercher.

21. Elles seront mises sur une table dans l'antichambre, et gardées par les deux fusiliers qui les auront escortées, lesquels seront relevés par ceux qui escorteront les clefs d'une autre porte, et ainsi successivement jusqu'à ce que toutes les clefs étant arrivées, l'officier-major de la place chargé de les rassembler, les fasse renfermer, après avoir vérifié s'il n'en manque point.

22. S'il est besoin d'ouvrir les portes pendant la nuit, on ne les ouvrira qu'en présence d'un officier-major de la place, et en prenant les précautions prescrites ci-après pour l'ouverture des portes.

23. Au point du jour, tous les tambours de garde

aux portes, monteront sur le parapet, et y battront *la diane.*

Les trompettes sonneront aussi des fanfares.

24. Une demi-heure avant l'ouverture des portes, on ira chercher les clefs, et en attendant leur arrivée, la garde prendra les armes, et se placera de la même manière qu'il a été prescrit pour la fermeture des portes.

25. L'officier de garde fera aussi monter des sous-officiers sur le rempart pour écouter et découvrir s'il ne se passe rien dans le dehors de la place.

26. A mesure que l'officier-major de la place, suivi des gens nécessaires pour ouvrir les portes, et des détachemens commandés pour faire la découverte, passera les ponts-levis et barrières pour arriver à la plus avancée, on relevera les ponts-levis, et on fermera les barrières derrière lui.

27. Lorsqu'il n'y aura point de garde de nuit dans les ouvrages avancés, le commandant de la garde de la porte enverra un petit détachement avec l'officier-major de la place.

28. La garde à cheval de la place d'armes fournira le nombre de cavaliers ou dragons nécessaire pour la découverte.

29. Lorsque la cavalerie ne fournira pas de garde à cheval, le commandant fera commander, s'il le juge nécessaire, des petits détachemens de cavalerie, de dragons ou de grenadiers, pour les découvertes, et il y aura au corps-de-garde de chaque porte une instruction pour les commandans desdits détachemens.

30. S'il n'y a point de détachemens-commandés pour ce service, le commandant de la garde de la porte fera, pour y suppléer, sortir avec l'officier-major de la place un sous-officier et quelques soldats de sa garde, qu'il instruira de ce qu'ils auront à faire.

31. L'officier-major de la place étant arrivé à la barrière la plus avancée, l'ouvrira et la fermera aussitôt après que le détachement chargé de la découverte sera sorti.

32. Si lors de cette première ouverture des portes, il se présente des habitans ou autres personnes pour sortir

4

de la place, on ne le leur permettra que sur un ordre par écrit du commandant de la place, et on les fera retirer en dedans à trente pas du corps-de-garde. On obligera de même ceux qui se présenteront à la barrière pour entrer, de s'en éloigner à cent pas en dehors, jusqu'à ce que les portes soient entièrement ouvertes.

33. Le détachement qui aura fait la découverte étant de retour, celui qui le commandera rendra compte au commandant de la garde de la porte par laquelle il rentrera, de ce qu'il aura vu en faisant ladite découverte; sur son rapport, après que les hommes et les voitures qui attendront auront été reconnus, les barrières et les portes, tant de l'avancée que la place, seront ouvertes et les ponts-levis baissés, les gardes restant sous les armes jusqu'à ce que le tout soit entré dans la place.

34. Les jours qu'il fera assez de brouillard pour qu'on ne puisse pas découvrir à un certain éloignement, on redoublera de précautions pour les reconnoissances; on n'ouvrira pas entièrement les barrières que le brouillard ne soit dissipé, et la moitié de la garde de l'avancée se relevera alternativement près de la première de ces barrières.

TITRE XIII.

De l'ordre et du mot.

ART. 1er. On donnera l'ordre tous les jours sur la place d'armes immédiatement après que la garde aura défilé, et le mot se donnera le soir, après la fermeture des portes.

2. Le mot sera de deux espèces, l'un de ralliement pour les gardes des postes extérieurs, et l'autre général pour les postes de l'intérieur de la place.

3. Tous les fourriers de l'infanterie, de la cavalerie et des dragons, se rendront, en même temps que les nouvelles gardes, sur la place d'armes, dans l'ordre prescrit par les articles 85 et 86 du titre XXI.

4. Ceux de l'infanterie s'y formeront en bataille en

arrivant vis-à-vis le terrain où devra défiler la nouvelle garde, et derrière le corps des officiers de leur régiment.

Ceux de la cavalerie ou de dragons s'y formeront sur un seul rang, vis-à-vis la garde à pied ou à cheval de leur régiment.

5. Le major de la place se rendra à onze heures chez le commandant de la place, pour prendre les ordres qui seront relatifs au service de ladite place.

6. Immédiatement après que la garde aura défilé, il ordonnera à un tambour de battre *à l'ordre.*

7. A ce signal, tous les fourriers et sergens formeront un cercle qui commencera par ceux du plus ancien régiment, et finira par ceux du moins ancien régiment.

8. Les caporaux se placeront à quatre pas derrière les fourriers et sergens de leur compagnie.

9. Les fourriers et sergens d'un régiment étranger, quoique plus ancien que les régimens français de la même garnison, prendront dans le cercle la gauche du plus ancien régiment français.

10. Les fourriers de la cavalerie et des dragons formeront leur cercle particulier par régiment.

11. Le grand cercle de l'infanterie étant formé, le major de la place y entrera avec un officier-major et un porte - drapeau par régiment, lesquels formeront un petit cercle intérieur autour du major de la place, en commençant par l'officier-major du plus ancien régiment.français, et finissant par le porte-drapeau du moins ancien régiment de la garnison.

12. Le major de la place nommera les officiers de garde, ceux de ronde, de visite d'hôpital et d'autres services; il ordonnera le nombre de postes que chaque régiment devra fournir pour la garde de l'intérieur de la place; il commandera les détachemens pour les postes extérieurs, escortes ou corvées, et il expliquera les ordres particuliers du commandant de la place; après quoi, il commandera, *rompez le cercle.*

13. A ce commandement, les officiers-majors, porte-drapeaux, fourriers, sergens et caporaux de chaque régiment, rompront le cercle général pour en former un particulier par régiment.

14. Le major de la place ayant donné l'ordre au grand cercle d'infanterie, le donnera aux majors ou officiers-majors des régimens de cavalerie et de dragons, qui le rendront ensuite chacun au cercle particulier de leur régiment.

15. Le cercle particulier de chaque régiment étant formé, le major ou l'aide-major du régiment y expliquera en détail les ordres donnés au grand cercle ; il nommera les officiers ou sous-officiers qui devront être de service, réglera ce que chaque compagnie devra fournir d'hommes ou d'escouades, suivant les différens services ; indiquera les heures des exercices et des distributions, et donnera les ordres particuliers du commandant du régiment, après quoi il fera rompre le cercle.

16. Le cercle étant rompu, le fourrier de chaque compagnie rendra l'ordre aux officiers de sa compagnie, lesdits officiers devant rester sur la place d'armes jusqu'après l'ordre donné ; après quoi le porte-drapeau, porte-étendard ou porte guidon de chaque régiment formera les sous officiers et les ramènera à leur quartier dans le même ordre qu'il les aura amenés sur la place.

Aussitôt après leur arrivée, les fourriers donneront l'ordre dans leur compagnie, conformément à ce qui est prescrit par l'article 91 du titre XXI.

17. Dans le cas où les officiers commandés pour quelque service ne se seroient point trouvés sur la place, les fourriers, sergens et maréchaux-des-logis de leur compagnie seront tenus d'aller jusqu'à leur logement ou leur auberge, pour leur porter l'ordre ; et s'ils ne les y trouvent point, ils laisseront par écrit ce qui les concernera, en observant que le fourrier, et à son défaut un sergent, doit porter l'ordre au capitaine.

18. L'ordre sera porté aux officiers supérieurs et aux officiers-majors des régimens, lorsqu'ils n'auront pu se trouver à la parade, conformément à ce qui est prescrit par les articles 96 et 97 du titre XXI.

19. S'il y a dans la place plusieurs officiers généraux employés, le major de la place ne recevra l'ordre que

du premier ou du plus ancien, et il l'enverra aux autres
après la fermeture des portes, par un aide-major de la
place ; il l'enverra de même au commandant de la place
et aux inspecteurs-généraux des troupes : cet aide-major
le laissera par écrit, cacheté, auxdits officiers-généraux
ou inspecteurs, s'il ne les trouve pas chez eux.

A l'égard des brigadiers employés, le major de la
place leur enverra le mot par un sergent de la garde la
plus voisine de leur logement.

20. Une heure avant la fermeture des portes, le major
et les aide-majors de la place se rendront chez l'officier-général, ou, à son défaut, chez le commandant de
la place ; le major prendra d'abord le mot de ralliement, qu'il distribuera sur le-champ aux officiers-majors chargés de la fermeture des portes, afin qu'ils le
rendent aux postes extérieurs lors de cette fermeture.

21. Le major prendra ensuite le mot de l'ordre pour
le distribuer sur la place d'armes aux sous officiers de
service, après la fermeture des portes.

22. Le major de la place s'étant rendu sur la place
d'armes, ordonnera au tambour de la garde de battre
à l'ordre.

23. A ce signal, tous les sous-officiers, appointés et
carabiniers de garde formeront un cercle, qui commencera par les sergens et maréchaux-des-logis du plus
ancien régiment, et finira par l'appointé ou carabinier
du régiment le moins ancien.

24. Lorsque ce cercle se formera, l'officier de garde
sur la place d'armes enverra un caporal et six fusiliers,
qui se placeront à quatre pas à l'entour du cercle, et
présenteront les armes en dehors.

25. Le major de la place entrera alors dans le cercle,
précédé du caporal de consigne de la garde de la place
d'armes, qui portera un falot pour l'éclairer ; il appellera ensuite à l'ordre, ôtera son chapeau, ainsi que les
sergens, maréchaux-des-logis, caporaux, brigadiers,
appointés et carabiniers, et leur donnera le mot, commençant par le sous-officier du plus ancien régiment,
qui le donnera au sous-officier qui sera à sa gauche,

celui-ci au troisième, et ainsi de suite jusqu'au dernier
appointé ou carabinier, qui le rendra au major de la
place.

26. Lorsque le mot aura été rendu au major de la
place, s'il trouve qu'il ait été changé, il le donnera une
seconde fois dans la même forme, ce qui sera répété
autant de fois qu'il sera nécessaire.

27. Le mot étant donné, le major de la place commandera, *rompez le cercle* : à ce commandement, tous
les sous-officiers retourneront à leurs postes porter le
mot au commandant.

28. Lorsque les sous-officiers donneront le mot aux
officiers, ils le leur donneront à l'oreille, ayant le chapeau bas, et les officiers le recevront de même.

29. Le major de la place enverra l'ordre et le mot à
l'ingénier en chef, au commandant de l'artillerie et au
commissaire des guerres, par un des sergens de la garnison, lesquels le leur porteront chacun à leur tour.

TITRE XIV.

De la retraite et des patrouilles de police.

Art. 1er. La retraite générale de la garnison sera
battue en tout temps une demi-heure après le mot
donné.

2. Tous les tambours ou trompettes de la garnison,
conduits en ordre par les tambours-majors ou les plus
anciens trompettes de leurs régimens, se rendront à cet
effet sur la place d'armes une demi-heure avant la fermeture des portes.

Lorsqu'ils y seront arrivés, ils se formeront sur un
ou plusieurs rangs, et attendront l'heure fixée par l'article premier, pour battre et sonner la retraite.

3. Tous les tambours commenceront à battre *la retraite* à la fois, au signal qui leur en sera donné par
le tambour-major du plus ancien régiment; ils continueront ensuite de battre depuis la place d'armes jusqu'au quartier de leur régiment.

Les trompettes la sonneront ensemble sur la place d'armes et au quartier de leur régiment lorsqu'ils y seront de retour.

4. Lorsqu'il y aura des régimens suisses ou autres régimens étrangers dans la place, les tambours des régimens français partiront tous ensemble les premiers, et ceux des suisses et autres régimens étrangers, séparément à leur suite.

5. Les commandans des places pourront cependant affecter aux tambours ou trompettes des différens régimens, des quartiers particuliers pour y battre ou sonner la retraite; auquel cas ils partiront tous ensemble de la place d'armes et se sépareront ensuite pour aller, chaque troupe, au quartier qui lui sera désigné, et ils cesseront de battre à l'endroit qui leur aura été prescrit.

6. Une demi-heure après la retraite, on fera les appels dans les quartiers, casernes ou logemens des troupes, conformément à ce qui est prescrit par les articles 111 et suivans du titre XXI.

7. La retraite des bourgeois sera sonnée à dix heures du soir, par la cloche du beffroi ou autre à ce destinée.

8. Une heure après la retraite des bourgeois sonnée, les sentinelles ne laisseront passer personne dans les rues, soit officier ou bourgeois, qu'il ne porte ou fasse porter du feu devant soi.

9. Le major de la place commandera tous les soirs à l'ordre des postes les patrouilles nécessaires pour parcourir les rues de la place, depuis le commencement de la nuit jusqu'au jour.

10. Le nombre de ces patrouilles sera réglé par le commandant de la place, qui leur prescrira le chemin qu'elles auront à parcourir, observant de leur en faire changer souvent.

11. Ces patrouilles seront tirées des postes intérieurs de la place et commandées par un caporal ou brigadier, un appointé ou un carabinier; dès que la retraite des bourgeois sera sonnée, il y aura à chacune des patrouilles de la place d'armes un sergent-de-ville ou un habitant.

12. Pour s'assurer que ces patrouilles seront faites exactement, il leur sera donné des marrons (ou des pièces de cuivre ou de fer-blanc), sur lesquels le numéro et l'heure des patrouilles seront écrits, et lesdites patrouilles seront obligées de les porter et déposer dans les boîtes, à certains postes qu'on leur indiquera : ces marrons seront distribués à la garde montante et remis au soldat d'ordonnance de chaque poste.

13. Dans chaque corps-de-garde ou autres lieux désignés pour recevoir les marrons des patrouilles, il y aura une boîte destinée à cet usage, dont le major de la place aura la clef, et sur laquelle sera marqué le nom du corps-de-garde où autre lieu où elle sera déposée.

14. Le caporal de consigne de chaque poste portera ladite boîte tous les matins chez le major de la place, qui vérifiera, au moyen des marrons, si les patrouilles auront été faites exactement, et rendra compte au commandant de la place de celles qui ne l'auront pas été, afin que les commandans desdites patrouilles soient punis.

15. Ces patrouilles arrêteront toutes personnes qui pourroient avoir quelques débats et querelles, et les conduiront chez le major de la place, qui les fera mettre en lieu de sureté, si le cas l'exige, jusqu'à ce que le commandant de la place en ait ordonné.

16. Elles arrêteront pareillement et conduiront au corps-de-garde de la place tous les cavaliers, dragons ou soldats qui feront du désordre ou qui, après la retraite battue ou sonnée, se trouveront dans les rues ou dans les cabarets, sans même y faire du bruit, pour être punis le lendemain.

17. Les bourgeois qui seront trouvés sans feu ou faisant du désordre, seront aussi arrêtés par les patrouilles et conduits au corps de garde de la place d'armes, où ils resteront jusqu'au lendemain matin, qu'il en sera donné avis au commandant de la place, lequel se conformera à ce qui est réglé par les articles 13 et 14 du titre XIX.

18. Les commandans des patrouilles observeront., tant en allant qu'en revenant, la vigilance des sentinelles postées sur le chemin qu'ils auront à parcourir, et informeront sur-le-champ le commandant du poste, et le lendemain le major de la place, de toutes celles qu'ils auront trouvées en faute.

19. Lorsque les patrouilles se rencontreront, la première qui découvrira l'autre criera, *qui vive ?* l'autre répondra, *patrouille*, et de quel régiment ; la première s'annoncera ensuite, et si leur chemin est de se joindre, le sous-officier du moins ancien régiment ou de la moins ancienne compagnie, donnera le mot à l'autre.

TITRE XV.

Des rondes.

ART. 1er. Le commandant de la place réglera le nombre et l'espèce des rondes, de manière que chacun des officiers et sergens ne soit commandé au plus que tous les quinze jours pour ce genre de service.

2. Il réglera pareillement les heures où les rondes devront être faites selon les saisons.

3. Les officiers et sergens des compagnies de grenadiers seront exempts de ce service.

4. Dans le temps des congés de semestre, ou quand les garnisons seront trop foibles pour fournir assez d'officiers ou sous-officiers pour les rondes de chaque nuit, on y suppléera en employant à une partie desdites rondes, les sergens de garde aux postes commandés par des officiers.

5. Les officiers et sergens commandés pour faire la ronde, prendront le mot du sergent ou maréchal des-logis du poste d'où ils devront partir pour la commencer.

6. Les rondes partiront du poste qui sera désigné par le commandant de la place, et feront le tour du rempart en entier, revenant aboutir au poste d'où elles seront parties.

7. Dans les places d'une grande étendue, on pourra régler les rondes de manière que chaque officier ou sergent ne parcoure que la moitié ou le tiers du rempart : dans ce cas, on indiquera le poste d'où chaque ronde devra partir, et celui où elle devra finir sa tournée.

8. Les commandans des places ordonneront, lorsqu'ils le jugeront nécessaire, une ronde de sergens, en même temps qu'une ronde d'officiers ; alors ces deux rondes prendront les deux chemins opposés, pour se croiser au milieu de celui qu'elles auront à parcourir.

9. Ils pourront aussi faire faire des contre-rondes par des officiers ou des sergens qu'ils feront partir des postes intermédiaires.

10. Ces doubles rondes et contre-rondes n'auront lieu qu'en temps de guerre, ou dans des circonstances extraordinaires.

11. Le major de la place tiendra un registre où seront écrits chaque jour le nom et le grade des officiers de ronde, et les différentes heures qui leur seront échues.

Le nom des sergens de ronde, et celui de la compagnie dont ils seront, seront aussi inscrits sur le même registre.

12. Les officiers et sergens qui devront faire la ronde, seront commandés à l'ordre immédiatement après ceux qui devront monter la garde le lendemain ; savoir, les officiers et le nombre des sergens, par le major de la place, et les sergens par le major de leur régiment, au cercle particulier dudit régiment.

13. Les fourriers des compagnies desquelles on aura nommé à l'ordre des officiers ou sergens pour les rondes de la nuit suivante, tireront ces rondes en même temps et de la même manière qu'il a été prescrit pour les postes à l'article 5 du titre X.

14. Il sera en même temps délivré à ces fourriers autant de marrons, où l'heure de la ronde sera empreinte, qu'il y aura de boîtes sur le chemin que chaque ronde aura à parcourir.

15. Les fourriers remettront ensuite aux officiers et sergens de leur compagnie, commandés pour la ronde,

les marrons qu'ils auront reçus, et y joindront par par écrit l'heure à laquelle ils devront faire la ronde, et le posté où ils devront la commencer.

16. Afin de s'assurer encore plus si les rondes se font exactement, il y aura des corps-de-garde désignés, où les officiers et sergens de ronde seront tenus de signer leur nom dans un registre uniquement destiné à cet usage, et qui y sera fourni par le major de la place.

17. Les officiers et sergens de ronde observeront, en signant sur le registre, de ne point laisser d'intervalle entre leur nom et les noms de ceux qui auront déjà signé, et d'ajouter l'heure de leur ronde.

18. Il y aura d'autres corps-de-garde où, indépendamment de leur signature, ils laisseront un marron.

19. Dans chaque corps-de-garde ou autres lieux désignés pour recevoir les marrons des rondes, il y aura des boîtes semblables à celles dont on a parlé pour les patrouilles : ces boîtes et les registres des rondes seront portés tous les matins, par le caporal de consigne de chaque poste, au major de la place, afin qu'il vérifie si les rondes auront été faites exactement, pour en rendre compte ensuite au commandant de la place.

20. Les officiers et sergens commandés pour les rondes, ne les pourront faire qu'à pied.

21. Tout officier de ronde sera tenu de faire porter un falot devant lui; il pourra à cet effet se servir d'un soldat du premier poste où il commencera sa ronde.

22. Les sergens de ronde seront obligés de même de porter un falot qui leur sera fourni, avec la chandelle nécessaire, dans le poste où ils devront commencer à faire leur ronde, et qu'ils seront tenus d'y rapporter lorsqu'elle sera finie.

23. Les officiers et sergens de ronde suivront exactement le parapet des ouvrages dans lesquels ils passeront. Ils examineront si les sentinelles sont bien exactes à leur faction, s'il n'y en a point d'endormies et s'il n'en manque point.

Ils monteront de temps en temps sur le parapet, pour voir ou écouter ce qui se passera dans le dehors de la place.

24. S'ils découvrent quelque chose qui intéresse la sûreté de la place, ils en avertiront sur-le-champ les postes voisins, et se rendront tout de suite chez le commandant de la place, pour l'en informer; mais si ce qu'ils auront découvert n'est que contre le bon ordre et la police, ils préviendront seulement le commandant du poste le plus voisin, pour qu'il y soit remédié, et en instruiront le lendemain par écrit le major de la place.

25. Les officiers et sergens de ronde avertiront les commandans des postes dont ils auront surpris des sentinelles en faute ou en négligence.

26. Toutes les fois que les officiers ou sous-officiers de ronde devront donner ou recevoir le mot, ils mettront la main sur la garde de leur épée, sans ôter leur chapeau.

27. Lorsque les rondes se rencontreront, la première qui découvrira l'autre, criera *qui vive?* l'autre répondra, *ronde*, en désignant de quelle espèce; la première s'annoncera ensuite, et lorsqu'elles se joindront, l'officier du grade inférieur, ou si le grade est égal, l'officier ou le sergent du moins ancien régiment donnera le mot.

28. Toutes les fois que l'officier général, gouverneur, lieutenant de roi, ou autre commandant de la place, jugera à propos de faire la ronde, il pourra la faire à cheval, sans être tenu d'en descendre en aucun cas, et il sera escorté par un caporal et quatre fusiliers de la garde de la place d'armes, et il aura avec lui un soldat de la même garde, portant un falot : cette escorte sera relevée successivement de poste en poste.

29. Lorsqu'en faisant cette ronde, il approchera d'un poste, la sentinelle criera, *qui vive?* et lui ayant été répondu, *ronde du commandant* ou *ronde major*, il criera, *halte-là*, et il avertira ensuite le caporal, en criant, *caporal hors la garde, ronde du commandant* ou *ronde major;* le caporal en avertira aussitôt le commandant du poste, qui fera prendre les armes à toute sa garde, et la formera en haie dans le même ordre qu'elle devra être disposée pendant le jour.

3o. Ledit commandant du poste, .après avoir fait reconnoître la ronde, s'avancera à dix pas en avant de sa garde, éclairé par le caporal de consigne, et escorté par quatre fusiliers qui feront *haut les armes*, et marcheront deux pas en arrière; il criera ensuite, *avance à l'ordre*, et lorsque celui qui fera la ronde se sera approché de lui, il lui donnera le mot en mettant la main sur la garde de son épée, sans ôter son chapeau.

31. Il en sera usé de même pour les officiers supérieurs qui feront la visite des postes pendant la nuit, lesquels, après avoir répondu au *qui vive, colonel, mestre-de-camp, lieutenant-colonel* ou *major de service*, seront reçus par les postes comme le major de la place à sa première ronde.

32. Lorsque le commandant du poste aura donné le mot, il rendra compte à l'officier-général, ou autre commandant qui fera la ronde, et lui donnera une nouvelle escorte, l'ancienne devant alors retourner à son poste.

33. Le major de la place, et à son défaut un aide-major, fera tous les soirs, après le mot donné, la ronde, observant de ne jamais la faire à la même heure.

34. Il pourra faire sa ronde à cheval, sans être obligé d'en descendre en aucun cas, et sera accompagné par deux fusiliers et un soldat portant un falot, lesquels se releveront successivement de poste en poste.

35. Il vérifiera, en faisant cette ronde, si tous les postes ont le mot qui aura été donné à l'ordre. Il examinera si tout est en règle, s'il n'y manque personne, si les sentinelles sont alertes, si elles sont placées où elles doivent être, et si toute la garde est exacte à remplir ses devoirs; enfin il se fera rendre compte de tout ce qui se sera passé depuis la garde montée; et lorsque sa ronde sera finie, il ira en rendre compte au commandant de la place.

36. Lorsque le major ou l'aide-major de la place fera sa première ronde, appelée *ronde major*, les commandans des postes lui donneront le mot, mais ils ne s'avanceront que jusqu'à quatre pas en avant de leur

garde, et ne seront accompagnés que de deux fusiliers, sans cependant pouvoir se dispenser de faire sortir leur garde, afin que ledit major ou aide-major puisse vérifier s'il ne manque personne et si les gardes sont en règle.

37. Si, après la ronde major, le major ou l'aide-major de la place fait une autre ronde, elle ne sera reçue que comme une simple ronde, et il donnera lui-même le mot au caporal.

38. Les sergens qui commanderont des postes, y recevront les rondes de la même manière qu'il est prescrit ci-dessus aux officiers.

39. Quand les inspecteurs jugeront à propos de faire la ronde, les commandans des postes les recevront, ainsi que l'officier-général, gouverneur, lieutenant de roi, ou autre commandant de la place.

40. Les postes de cavalerie et de dragons se conformeront, à l'égard des rondes, à tout ce qui vient d'être prescrit pour les postes de l'infanterie.

TITRE XVI.

Du service des officiers supérieurs des troupes dans les places.

Art. 1er. Le commandant de la place fera, quand il le jugera à propos, commander un ou plusieurs officiers supérieurs des régimens de la garnison pour faire la visite des postes.

2. Les officiers supérieurs rouleront ensemble pour ce genre de service ; le major de la place observera de commander les officiers supérieurs d'infanterie pour faire la visite des postes de l'infanterie, et ceux de cavalerie et de dragons alternativement pour faire la visite des postes de cavalerie et de dragons.

3. Les officiers supérieurs entrant de service se trouveront à onze heures chez le commandant de la place pour prendre ses ordres.

4. Ils se rendront sur la place d'armes à l'heure qu'

les nouvelles gardes de la garnison s'y rassembleront, pour veiller à ce qu'elles arrivent dans l'ordre convenable, et les faire ensuite manœuvrer et défiler, si le commandant de la place le juge à propos.

5. Ils feront la visite des postes aux heures indiquées par le commandant de la place.

6. Lorsque les officiers supérieurs de service se présenteront devant un corps-de-garde, le commandant du poste en fera sortir les soldats, cavaliers ou dragons, pour les former sur un ou plusieurs rangs, selon que la garde devra être disposée, et reposés sur les armes ou sur le mousqueton, et il se mettra à leur tête pendant que lesdits officiers supérieurs en feront l'inspection.

Les officiers supérieurs de cavalerie pourront demander à voir le poste de cavalerie à cheval, s'ils le jugent à propos.

7. Les officiers supérieurs examineront si tout est en règle dans le poste, feront faire l'appel, se feront rendre compte du nombre des sentinelles, verront si elles sont postées comme elles doivent l'être; ils leur feront répéter leur consigne en présence du caporal de pose, ayant eux-mêmes, pour la vérifier, la consigne générale du poste.

8. Si le commandant de la place ordonne que cette visite soit faite pendant la nuit, les officiers supérieurs qui la feront, prendront le mot de l'officier commandant le poste d'où ils devront la commencer, et seront reçus par tous les postes comme le major de la place à sa première ronde.

9. Les officiers supérieurs rendront compte au commandant de la place de ce qu'ils auront remarqué dans la visite qu'ils auront faite des postes.

10. Les officiers supérieurs sortant de service veilleront à ce que les anciennes gardes descendent la garde, et soient ramenées à leur quartier dans l'ordre prescrit.

11. Les officiers d'artillerie ne pourront faire dans les places aucune manœuvre ou transport d'artillerie,

ni aucun reversement de poudre ou de munitions d'un
magasin à l'autre, sans en prévenir auparavant le commandant de la place, mais sans être cependant tenus
de lui faire part de la quántité et de l'espèce d'artillerie
ou de munitions.

TITRE XVII.

Des détachemens de guerre et partis.

ART. 1er. Les gouverneurs ou commandans des places ne pourront en faire sortir en temps de guerre des
détachemens, ni en sortir avec eux, sans la permission
des officiers généraux dans le district desquels lesdites
places seront comprises, hors les cas urgens et particuliers, dont ils seront tenus de leur rendre compte sur-
le-champ.

2. Quand ils en auront obtenu la permission desdits
officiers-généraux, ils pourront faire sortir de leur
place les détachemens qu'ils jugeront nécessaires, pourvu qu'ils n'excèdent pas le quart de l'infanterie de leur
garnison.

3. Ils conserveront la même autorité sur les troupes
détachées de leur garnison, que si elles étoient dans
la place.

4. Les officiers-généraux et les commandans des places pourront choisir, pour commander les détachemens
de guerre, les officiers qu'ils jugeront les plus capables, pourvu que par leur grade ils soient en droit de
commander les autres officiers qui seront détachés
avec eux.

5. Les commandans de ces détachemens de guerre se
conduiront, pendant tout le temps qu'ils seront hors
de la place, suivant l'instruction insérée dans l'ordonnance du service de campagne.

6. Aucun parti ne sortira des places, s'il n'est commandé par un officier, sergent ou maréchal-des-logis
qui soit porteur d'un ordre pour aller à la guerre, signé

d'un officier-général ou du commandant de la place, et
cet ordre sera cacheté de leurs armes.

7. Les officiers-généraux et les commandans des places ne donneront point de passeports pour des partis,
qu'ils ne soient au moins du nombre d'hommes porté
dans les cartels qui seront arrêtés entre les puissances
belligérantes.

8. Ils ne pourront réclamer les soldats, cavaliers ou
dragons de leur garnison qui auront été pris sans passeports, et en moindre nombre qu'il n'aura été convenu
par les cartels.

9. Ceux des garnisons ennemis, qui seront pris dans
ce cas, seront mis en prison, et le commandant de la
place en informera sur-le-champ le général de l'armée,
pour que, sur la vérification qui sera faite des cartels
conclus avec leurs puissances, il soit prononcé à leur
égard.

10. Le commandant d'un détachement allant à la
guerre, aura soin, avant de sortir de la place, de
prendre plusieurs passeports du commandant de ladite
place, afin que s'il se trouve obligé de diviser son détachement, il en puisse donner un double à celui qui
devra commander la troupe qui en sera séparée, et au
bas de ce double il marquera le nombre d'hommes dont
ce second détachement sera composé.

11. Les effets qui auront été pris par les partis sortis
des places, ne pourront être vendus qu'après qu'il en
aura été dressé procès-verbal, et que la prise aura été
jugée bonne, et cette vente ne pourra se faire que dans
une place de guerre, et autant qu'il sera possible, dans
celle dont ce détachement sera sorti; à cet effet, celui
qui aura fait une prise, et qui l'aura conduite dans une
autre place pour la mettre à couvert, pourra l'amener
dans sa garnison, lorsque les circonstances le lui permettront.

12. La vente se fera à l'encan par le major de la place,
lequel ne pourra faire d'autre retenue sur le produit de
ladite vente que celle du sou pour livre, à la réserve
cependant des effets qui seront achetés pour le roi.

13. Le produit de la vente de la prise sera partagé

entre les officiers et soldats du parti, ainsi qu'il sera prescrit par l'ordonnance du service de campagne.

14. Ceux qui auront vendu dans le plat-pays les effets prétendus pris sur les ennemis seront réputés voleurs et punis comme tels; et les particuliers qui auront reçu ou acheté ces effets, seront punis comme receleurs.

TITRE XVIII.

De l'assemblée des troupes.

ART. 1er. Lorsque toute la garnison devra prendre les armes ou monter à cheval, on battra et sonnera d'abord *la générale* et *le boute-selle*, ensuite *l'assemblée* et *le boute-charge*, *le drapeau* et *à cheval*.

S'il n'y a qu'une partie de la garnison qui doive prendre les armes ou monter à cheval au lieu de *la générale* et *du boute-selle*, on battra et on sonnera *la marche* ou *le premier*.

2. Lorsque les troupes devront border la haie pour les honneurs militaires, elles se rangeront dans l'ordre désigné à l'article 5 du titre XXVII.

3. Lorsque les troupes prendront les armes pour les exercices et manœuvres générales, elles se conformeront à ce qui est prescrit par le titre XXII.

4. Toute troupe d'infanterie, de cavalerie ou de dragons, sera instruite, le jour de son arrivée dans une place, du poste qu'elle devra occuper en cas d'alarme.

5. Les commandans des places feront, à cet effet, une disposition générale d'après laquelle seront dressées les instructions particulières pour tous les régimens, gardes et postes de la garnison.

6. Cette disposition comprendra les différens événemens qui pourroient occasionner l'alarme, de manière que les instructions particulières indiquent les différences relatives à chacun de ces cas, et que les troupes sachent parfaitement ce qu'elles auront à faire.

7. L'alarme, de telle espèce qu'elle soit, sera reconnue par *la générale* battue à l'improviste; chaque régi-

ment se rendra alors, sans perte de temps, au lieu qui lui aura été indiqué par son instruction, et y attendra les ordres du commandant de la place.

Les postes exécuteront ce qui leur est prescrit par les articles 104 et suivans du titre XI, et ce qui leur sera indiqué plus particulièrement dans les instructions du commandant de la place.

8. Si toute l'infanterie doit border le rempart, les régimens se rangeront par ancienneté, le premier ayant la droite, le second la gauche, et ainsi des autres.

9. Dans quelque cas que ce soit, les régimens étrangers ne prendront rang qu'après le plus ancien régiment français de la garnison, quand même ledit régiment seroit moins ancien qu'eux.

10. Les commandans des places feront, quand ils le jugeront à propos, battre *la générale* à l'improviste, soit de jour ou de nuit, pour juger de l'effet de la disposition générale ordonnée par l'art. 5, et de la promptitude des troupes à l'exécuter.

TITRE XIX.

De la police des places.

ART. 1ᵉʳ Qui que ce soit ne pourra faire battre de ban militaire dans une place, sans la permission de celui qui y commandera.

Quand aux bans de la police civile, les magistrats pourront les faire publier aussitôt qu'ils en auront fait avertir le commandant de la place.

2. Hors le cas d'incendie, il ne sera jamais fait dans les places aucune assemblée et publication au son de la cloche, du tambour ou de la trompette, que le commandant de la place n'en ait été averti par les officiers municipaux ; mais le commandant n'y pourra former aucun obstacle, à moins que le service de Sa Majesté n'y soit intéressé, auquel cas il en rendra compte sur-le-champ au commandant de la province et au secrétaire d'état ayant le département de la guerre.

3. Il ne pourra être établi aucun spectacle dans une place sans que le commandant en soit averti, afin qu'il puisse prendre les précautions nécessaires pour y établir le bon ordre.

Les bourgeois et autres habitans qui troubleront la tranquillité desdits spectacles, ou qui ne s'y comporteront pas avec décence, seront arrêtés par les gardes préposées à cet effet, et remis sur-le-champ aux juges ordinaires pour être punis.

4. Les consignes des portes tiendront un registre de tous les étrangers qui entreront dans la place, et exigeront de ces étrangers d'écrire eux-mêmes, autant qu'il sera possible, sur une feuille séparée, leur nom, leur qualité, leur grade, leur état, et l'auberge ou maison particulière où ils compteront loger.

5. Tous aubergistes, cabaretiers et autres habitans des places, de quelque qualité et condition qu'ils soient, seront tenus de faire remettre chaque soir, après la fermeture des portes, chez le commandant de la place, la déclaration des étrangers qui seront arrivés chez eux, et y marqueront le temps qu'ils devront rester, au cas qu'ils y séjournent.

6. Il y aura à cet effet, à la porte du commandant, près de la sentinelle, une boîte en forme de tronc, fermant à clef, dans laquelle les habitans remettront lesdites déclarations.

7. Les consignes remettront pareillement dans ladite boite, chaque soir après la fermeture des portes, un état des étrangers qui seront entrés pendant le jour, extrait de leur registre et des feuilles séparées, sur lesquelles lesdits étrangers auront écrit leur déposition.

8. Une heure après la retraite cette boîte sera retirée et ouverte par un officier-major de la place, qui confrontera les listes des consignes et les déclarations des particuliers, et en dressera un état qu'il remettra au commandant de la place.

9. Les bourgeois, marchands, cafetiers ou cabaretiers et artisans qui feront crédit aux sous-officiers, soldats, cavaliers et dragons, sans un billet du major du régiment, perdront leur dû ; indépendamment de

quoi il sera mis une sentinelle devant leur porte ou boutique, afin d'en empêcher l'entrée aux sous-officiers, soldats, cavaliers et dragons, pendant autant de jours que le commandant de la place jugera à propos.

Il en sera usé de même pour les cabaretiers qui donneront à boire aux soldats, cavaliers et dragons après la retraite.

10. Qui que ce soit n'ira ni n'enverra au-devant des paysans et autres personnes qui apporteront des vivres dans la place, soit pour les prendre en les taxant arbitrairement, soit pour les choisir en les payant de gré à gré, ne pouvant les acheter qu'ils ne soient arrivés sur le marché; et lorsque le marché sera ouvert, les troupes et les habitans, sans aucune préférence, auront la liberté d'acheter en même temps ce qui leur conviendra.

11. Les bourgeois qui contreviendront à cette défense seront punis suivant les ordonnances de police.

Quant aux soldats, cavaliers, dragons et valets d'officiers, qui tomberont dans le même cas, ils seront punis comme il est prescrit par les articles 25 et 26 du titre XX.

12. Les gardes aux portes prêteront main-forte aux préposés de la police, lorsqu'ils en seront par eux requis, pour l'exécution des deux articles précédens.

13. Les bourgeois et autres habitans qui seront trouvés dans les rues une heure après la retraite des bourgeois sonnée, sans feu ou faisant du désordre, seront conduits au corps-de-garde de la place d'armes, où ils resteront jusqu'au lendemain matin, que le commandant de la place les renverra, savoir, ceux qui auront été arrêtés sans feu, chez eux; et ceux faisant du désordre, au pouvoir des juges ordinaires, pour être punis suivant les ordonnances de police.

14. Si le désordre ou le délit commis par lesdits bourgeois et autres habitans, intéresse la sureté de la place, ou le service de Sa Majesté, le commandant les retiendra en prison, et en rendra compte au commandant de la province et au secrétaire d'état ayant le département de la guerre.

15. Les commandans des places vieilleront avec la plus grande attention à ce que les troupes ne jouent aucun jeu de hasard, et ils prendront, à cet effet, les mesures prescrites par l'article 28 du titre XX.

Ils s'informeront des bourgeois ou autres habitans qui donneront à jouer dans leurs maisons à des jeux défendus, les feront arrêter et remettre aux juges des lieux, pour les punir suivant l'exigence des cas.

16. Si les contrevenans sont des gens notables et qualifiés, les commandans des places les feront avertir la première fois; et en cas de récidive, ils en informeront le secrétaire d'état ayant le département de la guerre, pour qu'il en soit rendu compte à Sa Majesté.

17. Toute femme ou fille débauchée, qui sera surprise avec des soldats, cavaliers ou dragons, sera arrêtée par le premier officier qui en sera instruit, lequel en informera aussitôt le commandant.

18. Si ces femmes ou filles sont domiciliées dans la place, le commandant, sans leur infliger aucune peine, les fera remettre au juge royal du lieu, pour être punies suivant les réglemens de police.

19. Si elles sont étrangères et sans aveu, le commandant de la place les fera mettre en prison pendant trois mois au pain et à l'eau, pour être ensuite renfermées dans la maison de force la plus voisine, sur les ordres des intendans des provinces, que Sa Majesté autorise d'ordonner leur liberté, lorsqu'après avoir été détenues le temps suffisant, il y aura lieu de croire qu'elles seront corrigées; enjoignant Sa Majesté aux intendans de donner des ordres pour les faire guérir des maladies dont elles pourroient être attaquées, avant de les faire conduire dans les maisons de force; toutes les dépenses que ces filles occasionneront, seront payées par l'extraordinaire des guerres, sur les ordonnances des intendans des provinces.

Si ces femmes ou filles, après avoir été mises en liberté, sont reprises de nouveau, elles seront alors renfermées de même, pour être détenues un temps plus considérable que la première fois, et employées, dans lesdites maisons de force, aux plus vils et laborieux emplois.

20. Dans aucun cas, les femmes ou les filles débauchées ne seront passées par les verges, ni exposées sur le cheval de bois.

21. Les commandans des places ne pourront faire conserver la chasse aux environs de la ville, ni y chasser eux-mêmes, ou permettre aux officiers de leur garnison d'y chasser, s'il n'a été rendu une ordonnance en leur faveur, pour leur accorder une réserve, en fixer l'étendue et les bornes.

22. Lesdits commandans des places ne pourront pareillement pêcher, faire pêcher, ni permettre à qui que ce soit de leur garnison, de pêcher dans les rivières et étangs des environs de leur place.

TITRE XX.

De la discipline et police des troupes dans les places.

Art. 1er. Les commandans des régimens qui composeront la garnison d'une place, rendront compte de tous les objets relatifs au service, au commandant de la place; le commandant de la place à l'officier-général qui commandera dans le département; l'officier-général au commandant de la province, et le commandant de la province au secrétaire d'état ayant le département de la guerre.

2°. Cette manière de rendre compte ne sera interrompue que par l'absence de quelqu'un des officiers nommés à l'article ci-dessus, et dans les cas extraordinaires qui demanderont une prompte décision.

3. Les colonels, mestres-de-camp et autres commandans des corps, seront subordonnés et obéiront à l'officier-général dans le district duquel sera leur régiment, et lui rendront compte de tout ce qui s'y passera concernant la discipline, les exercices, la subordination, et enfin de tout ce qui sera relatif au bien du service.

4. Si l'officier général, dans le district duquel sera

un régiment, ne se trouve pas présent avec lui dans le
même lieu, le commandant de ce régiment lui rendra
compte par écrit, le premier de chaque mois, de tout
ce qui se sera passé dans le corps pendant le mois précédent.

5. Le commandant de chaque régiment rendra pareillement compte de tous les détails relatifs à l'inspection de son régiment, à l'inspecteur-général qui en sera
chargé, quand même il seroit absent.

6. La subordination sera établie de grade en grade
dans tous les régimens, conformément aux articles 2,
3 et suivans du titre XXI. Les commandans des provinces et officiers-généraux rendront compte au secrétaire d'état ayant le département de la guerre, des colonels, mestres-de-camp, lieutenans-colonels et majors
qui souffriront qu'on s'en écarte.

7. Les commandans des troupes d'infanterie, de cavalerie et de dragons, étant en garnison dans les places,
ne pourront les assembler, leur faire prendre les armes,
ni les faire monter à cheval, en tout ou en partie, et
pour quelque objet que ce toit, sans la permission du
commandant de la place.

8. On ne pourra, sans la même permission, faire
recevoir aucun officier, ni sous-officier, ni publier aucune lettre de casse.

9. Les ingénieurs et les officiers d'artillerie, dont les
fonctions s'étendent hors de la place de leur résidence
ordinaire, ne pourront s'en absenter sans en prévenir
le commandant de ladite place, lequel ne pourra, ni
les obliger de s'expliquer sur les motifs de leur absence, ni leur rien prescrire sur le temps de leur retour; mais ils ne pourront s'absenter un seul jour hors
du terrain de l'étendue de leurs fonctions, sans en avoir
obtenu la permission, savoir, les officiers de l'artillerie,
du commandant en chef de l'artillerie, et les ingénieurs, du commandant du génie.

10. Nul officier de la garnison ne pourra s'en absenter, ne fût-ce que pour une nuit, sans la permission du
commandant de la place, qui ne la donnera que sur la

demande du commandant du régiment, quand bien même l'officier seroit de semestre, ou qu'il auroit obtenu un congé de Sa Majesté.

11. Le commandant de la place ne pourra, sous tel prétexte que ce soit, accorder aux officiers qui n'auront pas obtenu de congé de la cour, la permission de s'absenter de la place pour plus de deux nuits.

12. Les commandans des provinces pourront, sur la demande des officiers-généraux employés, ou, à leur défaut, des commandans des places, accorder des permissions de s'absenter aux capitaines et autres officiers qui seront en garnison dans les places de leur commandement, mais seulement pour huit jours, et à un capitaine, un lieutenant et un sous-lieutenant seulement à la fois, de chaque bataillon ou de chaque régiment de cavalerie ou de dragons, et pourvu qu'ils ne soient pas de la même compagnie.

13. La demande de ces permissions sera toujours faite aux officiers-généraux ou commandans des places, par les commandans des corps.

14. Les permissions de s'absenter, qui auront été ainsi accordées aux officiers, ne pourront les autoriser à sortir de l'étendue de la province où ils seront en garnison.

15. Les officiers qui auront été absens iront, à leur retour, rendre compte de leur arrivée au commandant de leur régiment, qui en informera le commandant de la place.

16. Ledit commandant fera mettre en prison les officiers qui n'auront pas rejoint exactement leurs corps à l'expiration des congés ou permissions qu'ils auront obtenus, et les y tiendra autant de jours qu'ils en auront manqué à se rendre à leur devoir; si ce terme excède celui de quinze jours, il en sera rendu compte sur-le-champ au secrétaire d'état ayant le département de la guerre et au commandant de la province.

17. Aucun capitaine ne pourra permettre à un sous-officier, soldat, cavalier ou dragon de sa compagnie de sortir de la place sans un billet du commandant de son régiment, visé par le commandant de la place.

5

18. Les congés limités qui seront donnés aux sous-officiers, soldats, cavaliers et dragons de la garnison d'une place, seront nuls, si outre la signature du commandant de leur compagnie, celles du commandant et du major ou aide-major de leur régiment, ils ne sont encore approuvés par le commandant de la place, et visés par le commissaire des guerres.

19. Les commandans de province, les officiers-généraux employés et les commandans des places tiendront la main à ce qu'aucun régiment ne s'écarte, sous tel prétexte et sur quelque point que ce soit, de ce qui est prescrit par le réglement concernant l'habillement, l'équipement et l'armement.

Tous les officiers de la garnison seront toujours dans l'uniforme le plus exact ; ceux qui y contreviendront seront punis la première fois par quinze jours de prison, et en cas de récidive, privés du premier semestre qu'ils devront avoir.

20. Lorsqu'un officier sera en deuil, il portera un crêpe noir au bras gauche, sans que d'ailleurs il puisse rien changer à son uniforme.

21. Les sous-officiers, soldats, cavaliers et dragons qui se travestiront et quitteront dans aucun cas, et sous tel prétexte que ce puisse être, aucune marque de leur uniforme, seront punis suivant les ordonnances.

22. La chasse ne sera permise aux officiers de la garnison que lorsqu'il y aura dans les environs des places des terrains de réserve à ce destinés, et seulement dans les saisons convenables, et le commandant de la place tiendra la main à ce qu'il n'y ait que les officiers qui chassent sur ce terrain.

23. Tous les régimens s'abonneront à la comédie ; mais les commandans des places tiendront la main à ce que cet abonnement soit fait au plus bas prix possible, et que la retenue en soit faite avec égalité au *prorata* des appointemens de chaque grade.

Les commandans des places veilleront pareillement à ce qu'il soit observé par les officiers la plus grande décence.

24. Aucune troupe ne pourra avoir de vivandiers à sa suite dans les garnisons, à l'exception du régiment des Gardes françaises, de celui des Gardes suisses et des régimens suisses et grisons.

25. Les vivres ne devant, conformément à l'article 10 du titre XIX, être achetés que dans les marchés, les domestiques des officiers, quelque grade qu'aient leurs maîtres, qui iront hors des portes au-devant des personnes qui apporteront des vivres dans les places pour les acheter, même de gré à gré, pourront être arrêtés par les préposés à la police, prendront ce qu'ils auront acheté, qu'on vendra au profit de l'hôpital bourgeois, et seront mis en prison pour huit jours.

26. Les soldats, cavaliers et dragons qui acheteront pareillement hors des portes, de gré à gré, perdront ce qu'ils auront acheté; ceux qui auront acheté par violence, et qui en seront convaincus par lesdits préposés à la police, perdront aussi ce qu'ils auront acheté, et seront mis pour quinze jours en prison.

Dans l'un et l'autre cas, ce qu'ils auront acheté sera vendu, pour le produit en être réuni à la masse du linge et chaussure.

27. Ceux qui voleront ou prendront de force aucune denrée ou marchandise dans les marchés ou les boutiques, seront remis à la justice ordinaire des lieux, pour être punis suivant la rigueur des ordonnances.

28. Les officiers-généraux et les commandans des places, conformément à l'article 15 du titre XIX, empêcheront avec le plus grand soin que les troupes qui seront sous leurs ordres ne jouent à aucun jeu de hasard, et ils s'en prendront au commandant des corps si cela arrive; ainsi que Sa Majesté s'en prendra à eux si sa volonté à cet égard n'est pas exactement suivie.

29. Ils prendront, sur le même objet, à l'égard des bourgeois et autres habitans les précautions prescrites par l'article 16 du titre XIX.

30. Tout officier, de quelque grade qu'il soit, qui aura joué malgré cette défense, sera mis la première fois en prison pour trois mois, et il en sera rendu

5*

compte au secrétaire d'état ayant le département de la guerre, et au commandant de la province ; en cas de récidive, il sera mis en prison pour six mois ; et enfin la troisième fois, il sera cassé et renfermé pour deux ans dans une citadelle, fort ou château.

31. Les soldats, cavaliers ou dragons qui tiendront des jeux défendus, seront condamnés suivant la rigueur des ordonnances.

Ceux qui auront joué seront mis en prison pour quinze jours.

32. A l'égard des femmes ou filles débauchées surprises avec des soldats, cavaliers ou dragons, on se conformera à ce qui est prescrit par les articles 17, 18, 19 et 20 du titre XIX.

33. Tous les déserteurs étrangers ou ennemis seront envoyés par les commandans des postes auxquels ils se présenteront chez le commandant de la place, sans que les commandans desdits postes, ni qui que ce soit, puissent auparavant acheter leurs armes, chevaux et habits.

34. S'il n'y a point de cartel avec les puissances des troupes desquelles seront ces déserteurs, le commandant de la place les fera sortir sur-le-champ de la ville, sans leur permettre de parler à personne, à moins qu'ils n'offrent de s'engager dans un des régimens étrangers de la garnison, s'il y en a, et qu'il ne juge qu'on puisse les y recevoir sans inconvéniens.

35. Si ces déserteurs sont à cheval, qu'il n'y ait point de cartel à cet égard avec les autres puissances, et que le commandant de la place juge les chevaux propres aux remontes, il les fera acheter pour le compte du roi, et on les payera auxdits déserteurs à raison de cent livres par cheval de cavalier, de soixante livres par cheval de dragon, et de cinquante livres par cheval de hussard ; et lesdits chevaux, par les soins du commissaire des guerres, et à son défaut, du major de la place, seront envoyés aux dépens de Sa Majesté au régiment le plus voisin, et il en sera rendu compte au secrétaire d'état ayant le département de la guerre ; si au contraire lesdits chevaux ne sont pas jugés propres pour

le service de Sa Majesté, on laissera auxdits déserteurs la liberté de les vendre à qui bon leur semblera, sans que qui que ce soit puisse s'arroger le droit de les taxer, ni d'en disposer en faveur de personne.

36. Les officiers-généraux employés, et les commandans des places, pourront punir tout officier, sous-officier, soldat, cavalier ou dragon de quelque régiment qu'il soit, lorsqu'il manquera au service, en en faisant avertir ensuite le commandant du régiment.

37. Les colonels et mestres-de-camp pourront de même punir tout officier, sous-officier, soldat, cavalier et dragon de leur régiment, en en rendant compte au commandant de la place.

38. Les punitions seront ordonnées dans les régimens par les grades supérieurs envers les grades inférieurs, comme il est prescrit par les articles 29 et suivans du titre XXI; mais les commandans des régimens rendront et pourront seuls rendre compte desdites punitions au commandant de la place; les officiers, sous officiers, soldats, cavaliers ou dragons qui auront été mis aux arrêts ou en prison n'en sortiront que sur la demande des commandans des régimens au commandant de la place.

39. Dans toutes les occasions qui concerneront le service de Sa Majesté, le grade supérieur pourra de même punir tout grade qui lui sera inférieur, de quelque régiment qu'il soit, en en rendant compte sur-le-champ au commandant du régiment dont sera l'officier, sous-officier, soldat, cavalier ou dragon.

40. Entend toutefois Sa Majesté que, dans ce cas, les officiers ne puissent être mis qu'aux arrêts; le droit de mettre les officiers en prison ne devant appartenir qu'aux commandans de province, aux officiers-généraux, aux commandans de places et commandans de régimens, dans leur régiment seulement.

41. Les régimens étrangers ayant leur justice particulière, tous les sous-officiers et soldats de ces corps qui tomberont en faute seront arrêtés, mais renvoyés sur-le-champ aux commandans de leur régiment, en

les instruisant par écrit des fautes qu'ils auront commises.

42. Tout officier qui sera dans le cas d'être puni,
sera aux arrêts dans sa chambre; mais s'il a commis
quelque faute grave, il sera mis en prison, et son épée
ou son sabre sera porté chez le commandant du corps.

43. Lorsque le commandant de la place fera arrêter
et mettre en prison un officier de la garnison, pour
une faute grave, il en informera dans les vingt-quatre
heures le secrétaire d'état ayant le département de la
guerre et le commandant de la province.

44. A l'égard des officiers qui manqueront de conduite, Sa Majesté s'en remet au commandant de la
place et au commandant du corps dont ils seront, pour
les tenir en prison tout le temps qu'ils jugeront nécessaire.

45. Tout officier qui sortira de prison ou des arrêts
se présentera chez l'officier par l'ordre duquel il y aura
été mis.

46. On se conformera, soit dans la place, soit dans
l'intérieur des régimens, pour tout ce qui concerne les
prisons, punitions de discipline, redditions de comptes
et demandes d'élargissement, à tout ce qui est prescrit
aux titres XXI et XXIV.

47. Les appels se feront dans tous les régimens de
la garnison, dans la forme indiquée par les articles 111
et suivans du titre XXI.

Ils seront envoyés régulièrement par les majors des
régimens au major de la place, afin que celui-ci ins-
truise sans délai le commandant de ladite place de l'absence des soldats, cavaliers ou dragons.

48. Lorsque les rondes ou patrouilles arrêteront,
une demi-heure après la retraite battue ou sonnée,
quelques soldats, cavaliers ou dragons qui ne se trouveront pas dénoncés dans les billets d'appels, le fourrier, sergent ou maréchal-des-logis de la compagnie
dont ils seront, qui en aura fait l'appel, sera puni conformément à l'article 122 du titre XXI.

49. Toute personne, de quelque qualité et condition

qu'elle soit, qui aura, en quelque manière que ce puisse être, favorisé le travestissement ou l'évasion d'un déserteur, sera punie suivant la rigueur des ordonnances et notamment de celle du 2 juillet 1716; à cet effet, son procès sera instruit par les prévôts généraux des maréchaussées ou leurs lieutenans, conformément à la déclaration de Sa Majesté du 5 février 1731.

50. Il en sera usé de même à l'égard des embaucheurs et de ceux qui acheteront, troqueront, en tout ou en partie, à quelque titre et sous quelque prétexte que ce puisse être, les habillemens, armemens et équipemens des soldats, cavaliers et dragons.

51. Aussitôt que le commandant de la place aura été averti de l'évasion d'un déserteur, il fera tirer un coup de canon de l'endroit le plus élevé du rempart, pour servir de signal aux villages circonvoisins, dont les communautés seront tenues de faire les perquisitions nécessaires pour arrêter les déserteurs, en se conformant aux instructions que le commandant de la place leur aura fait donner à l'avance, relativement à la disposition du terrain des environs de la place.

52. Le commandant de la place fera sur-le-champ les dispositions qu'il croira nécessaires, et enverra des patrouilles, soit à pied, soit à cheval, sur le chemin qu'il soupçonnera que lesdits déserteurs pourroient avoir tenu, et ne négligera rien pour les faire arrêter.

53. Au signal du coup de canon, les brigades de maréchaussée en résidence dans les places ou dans les environs, monteront à cheval et se porteront sur les différens chemins des environs de la place.

54. Tout sous-officier qui, par négligence ou autrement, aura manqué d'arrêter un déserteur, ayant eu la possibilité de le faire, sera puni suivant l'exigence du cas.

55. Les commandans des provinces et ceux des places feront remettre aux prévôts généraux des maréchaussées, ou à leurs lieutenans, tous ceux qui auront été arrêtés par leurs ordres, en contravention aux articles ci-dessus du présent titre, et feront déposer à leur greffe les mémoires et informations d'après lesquels ils

les auront fait arrêter, ou qui pourront servir à faire découvrir les particuliers qui auroient favorisé les déserteurs.

Les commandans retireront des reçus desdites pièces, pour les adresser au secrétaire d'état ayant le département de la guerre.

56. Ordonne Sa Majesté aux prévôts-généraux, à leurs lieutenans et autres officiers des maréchaussées, d'apporter la plus grande diligence dans l'instruction des procès des accusés ci-dessus, de se conformer en tout à la déclaration du 5 février 1731, et aux ordonnances rendues à ce sujet, et de rendre compte des jugemens qui interviendront, au secrétaire d'état ayant le département de la guerre.

57. Si la désertion étoit fréquente, et qu'elle fût facilitée par quelque brèche ou dégradation des remparts, le commandant de la place fera avertir l'ingénieur en chef pour qu'il y soit pourvu, et il emploiera, en attendant, des doubles rondes, contre-rondes et patrouilles, et se servira de tous les moyens qu'il jugera les plus propres à arrêter cette désertion.

TITRE XXI.

De la discipline et police intérieure des régimens.

ART. 1er. Les colonels, mestres-de-camp et autres commandans des corps se conformeront, à l'égard des officiers-généraux et des commandans des places, à tout ce qui leur est prescrit par les art. 1, 2 et suivans du titre XX.

2. Lesdits colonels, mestres-de-camp ou commandans des corps, seront responsables de l'exécution de tous les ordres qui leur seront adressés par ledit officier-général, concernant la discipline, la tenue, la subordination et les exercices de leurs corps, et de la conduite de tous les officiers, sous-officiers, soldats, cavaliers ou dragons qui serviront sous leurs ordres.

3. Les colonels et mestres-de-camp exigeront à cet

effet, pour le service du roi, l'obéissance et l'exactitude de la part de leur lieutenant-colonel et de tous les autres officiers de leur régiment, et ils établiront cette discipline dans leurs corps, de manière que la subordination dans chaque grade d'officiers, sous-officiers, soldats, cavaliers ou dragons, soit observée avec la plus grande régularité, Sa Majesté les en rendant responsables.

4. En conséquence, le colonel, mestre-de-camp ou autre commandant de corps, exigera de tous ceux qui seront sous ses ordres la même déférence qu'il aura lui-même pour les officiers qui lui seront supérieurs; le lieutenant-colonel l'exigera du major, le major des capitaines et des officiers-majors, et les capitaines l'exigeront aussi des officiers subalternes.

5. Quoique le colonel ou le mestre-de-camp d'un régiment soit présent au corps, le lieutenant-colonel conservera sur le major, les capitaines et autres officiers de ce régiment, la même autorité que s'il se trouvoit commander le corps, et que le colonel fût absent.

6. En présence du colonel ou mestre-de-camp et lieutenant-colonel d'un régiment, le major conservera sur les capitaines et autres officiers de ce régiment, la même autorité que s'il se trouvoit commander le corps, et que le colonel et le lieutenant-colonel fussent absens.

7. En l'absence du colonel ou mestre-de-camp, du lieutenant-colonel et du major, le capitaine le plus ancien commandera le corps, et les autres officiers lui devront la même obéissance qu'au colonel ou mestre-de-camp, s'il étoit présent.

8. Les aide-majors qui, ayant la commission de capitaine, se trouveront les plus anciens capitaines du régiment, prendront le commandement du corps; voulant Sa Majesté qu'à l'avenir les aide-majors qui auront la commission de capitaine, roulent, soit entre eux, soit dans le corps, du jour de leur commission de capitaine, et ceux qui n'auront pas la commission de capitaine, continueront de rouler du jour de leurs lettres ou brevets de lieutenans.

5**

9. En l'absence du colonel ou mestre-de-camp, tous les ordres concernant le régiment seront adressés au lieutenant-colonel, s'il est présent, et à son défaut, au major; et au défaut de celui-ci, à l'officier le plus ancien en grade qui se trouvera commander le corps, conformément à ce qui est réglé par les articles 7 et 8.

10. Lorsque le colonel ou mestre-de-camp d'un régiment sera absent avec un congé ou une permission de Sa Majesté, le lieutenant-colonel, le major ou tout autre officier qui se trouvera commander le corps en l'absence dudit colonel ou mestre-de-camp, sera tenu de lui rendre compte à la fin de chaque mois, ou plus souvent, si les circonstances l'exigent, de tout ce qui s'y sera passé, et il ne pourra se dispenser d'exécuter les ordres qu'il en recevra; bien entendu cependant qu'il ne lui en sera point donné de contraires par le commandant de la place, ni par l'inspecteur du régiment.

Les colonels ou mestres-de-camp commandans que Sa Majesté a établis dans plusieurs régimens, se conformeront à ce qui est réglé par le présent article, et rendront compte au colonel titulaire, généralement de tout ce qui intéressera le corps ou chaque particulier dudit corps.

11. Le major étant spécialement chargé de tous les détails de l'exercice, police et discipline, pourra directement rendre compte de tous ces objets au colonel ou mestre-de-camp, quand même le lieutenant-colonel seroit présent; bien entendu que sous ce prétexte il ne pourra se dispenser de rendre compte ou faire rendre compte au lieutenant-colonel de tout ce qui se passera dans le régiment, et de tous les ordres qui seront donnés par le colonel ou mestre-de-camp.

12. Le major sera de plus tenu de faire demander, par le lieutenant-colonel au colonel ou mestre-de-camp, toutes les permissions et graces qui lui seront relatives; ne devant, en vertu du pouvoir qui lui est accordé par l'art. 11, de s'adresser audit colonel ou mestre-de-camp, que lui rendre compte des détails de son emploi seulement.

13. Les aide-majors ot sous-aide-majors pourront, au défaut du major, ou lorsqu'ils en seront chargés par lui, s'adresser et rendre compte de tous les détails du régiment au lieutenant-colonel et au colonel ou mestre-de-camp; mais toutes les demandes et graces qui les concerneront, seront toujours faites audit colonel ou mestre-de-camp, ou au lieutenant-colonel, par le major.

14. En l'absence du major, tous les officiers rendront compte au lieutenant-colonel; le premier aide-major qui remplira les fonctions de major, pouvant toutefois s'adresser au colonel ou mestre-de-camp, sur tous les détails desdites fonctions, en se conformant à l'article 11.

En l'absence du major et du lieutenant-colonel, tous les officiers rendront compte au plus ancien capitaine, conformément à l'art. 7.

15. Toutes les fois qu'il sera détaché d'un régiment un bataillon, un escadron, une ou plusieurs compagnies, ou toute autre troupe, le capitaine ou autre officier qui commandera ledit détachement, aura sur les officiers, sous-officiers, soldats, cavaliers ou dragons de ce détachement, la même autorité que le colonel ou le mestre-de camp du régiment, s'il étoit présent.

Il sera tenu de rendre compte à la fin de chaque mois, et plus souvent si les circonstances l'exigent, au commandant de son corps, de tout ce qui se sera passé dans son détachement, et il ne pourra se dispenser d'exécuter ses ordres.

16. Toutes les fois que le régiment sera distribué en plusieurs quartiers, un des officiers supérieurs du régiment fera tous les mois, autant qu'il sera possible, la visite desdits quartiers, pour s'assurer de l'exactitude du service et remédier aux abus.

17. On se conformera dans les régimens, pour les congés et permissions, de s'absenter des officiers, et pour les congés limités des sous-officiers, soldats, cavaliers et dragons, à ce qui est prescrit par les art. 10 et suivans du titre XX.

18. Lorsqu'un régiment sera caserné, on établira dans les casernes qu'il occupéra une prison particulière où seront renfermés tous les sous-officiers, soldats, cavaliers ou dragons, pour les fautes ordinaires concernant la discipline, l'exercice ou le service intérieur du régiment.

19. A cet effet, il sera réservé dans le quartier de chaque bataillon ou escadron, trois chambres dont une destinée pour les sous-officiers, et deux pour les soldats, cavaliers et dragons.

20. Ces chambres n'auront, autant qu'il se pourra, aucune communication avec le logement des soldats, cavaliers ou dragons, et seront à portée de la garde de police du quartier, pour qu'elle puisse y fournir une sentinelle. Les sous-officiers et soldats qui seront mis dans ces salles de discipline, seront au pain et à l'eau, et le surplus de leur solde sera employé comme il est prescrit à l'art. 26.

21. Ils seront exercés régulièrement deux heures le matin et deux heures le soir, hiver et été, dehors, si le temps le permet, et dans les salles ou hangars destinés à cet effet, lorsque le temps ne le permettra pas.

22. Il sera fourni auxdits prisonniers une paillasse, un matelas et une couverture de deux en deux.

Ces fournitures seront prises sur la totalité de celles du régiment; voulant Sa Majesté qu'à cet effet, les entrepreneurs fournissent dix fournitures par bataillon, et cinq par escadron au-delà de l'effectif.

23. Un officier-major fera tous les matins la visite desdits prisonniers, pour veiller à ce qu'ils se tiennent dans l'état de tenue et de propreté convenable.

24. Au moyen de ces salles de discipline, les sous-officiers et soldats ne seront mis dans les prisons de la place que pour les fautes graves et pour celles relatives au service de ladite place.

25. La punition des salles de discipline ne concernant uniquement que la police intérieure des régimens, les commandans des corps ne seront point tenus de rendre compte, ni de demander la sortie aux comman-

dans, ni aux états-majors des places, des sous-officiers,
soldats, cavaliers ou dragons qu'ils y auront mis.

26. La solde des sous-officiers, soldats, cavaliers et
dragons mis en prison ou aux salles de discipline, déduction faite du pain nécessaire pour leur nourriture,
sera dans chaque compagnie portée en supplément de
prêt; celle du fourrier et des sergens, aux sergens;
celle des caporaux, aux caporaux; et celle des soldats,
cavaliers ou dragons, aux soldats, cavaliers ou dragons, en dédommagement du service ou du pansement
des chevaux qu'ils auront été obligés de faire pour eux
pendant le temps de leur détention.

27. La punition du piquet sera employée pour les
soldats, cavaliers ou dragons, dans les cas indiqués par
la présente ordonnance, et dans ceux déterminés par
le commandant du régiment.

28. Tout soldat condamné au piquet y sera mis une
heure le matin et une heure le soir; il fera en outre
toutes les corvées du quartier, et ne sera point dis-
pensé de monter sa garde ni d'aller aux exercices.

29. Tous les officiers d'un grade supérieur pourront
punir ceux d'un grade inférieur; les capitaines auront
le droit de mettre aux arrêts tous les lieutenans et sous-
lieutenans, et en prison ou aux salles de discipline,
tous les sous-officiers, soldats, cavaliers et dragons de
quelque compagnie qu'ils soient; les lieutenans et sous-
lieutenans pourront de même indistinctement mettre en
prison ou aux salles de discipline tous les sous-officiers,
soldats, cavaliers et dragons; et les sous-officiers pourront y mettre tous les soldats, cavaliers et dragons.

L'intention de Sa Majesté étant qu'il lui soit rendu
compte de ceux qui abuseroient de cette autorité, pour
les en faire punir.

30. Le commandant du régiment pourra seul faire
mettre les officiers en prison; à l'égard des autres officiers, quelque grade qu'ils aient, ils ne pourront faire
mettre les officiers qu'aux arrêts seulement.

31. Tout capitaine qui fera mettre en prison ou aux
salles de discipline un sous-officier, soldat, cavalier ou
dragon, en rendra compte au major du régiment.

Il en usera de même lorsqu'il ordonnera les arrêts à un lieutenant ou sous-lieutenant.

32. Tout aide-major ou sous-aide-major qui mettra en prison ou aux salles de discipline un sous-officier, soldat, cavalier ou dragon, en fera avertir, par un sergent, le capitaine de la compagnie dont sera ledit sous-officier, soldat, cavalier ou dragon, et en rendra compte au major du régiment.

33. Tout lieutenant, sous lieutenant, quartier-maître, porte-drapeau, porte étendard ou porte-guidon, qui fera mettre en prison ou aux salles de discipline un sous-officier, soldat, cavalier ou dragon, en rendra compte au capitaine de la compagnie dont sera ledit sous-officier, soldat, cavalier ou dragon, et au major du régiment.

Tout fourrier, sergent, maréchal-des-logis, caporal ou brigadier qui mettra en prison un soldat, cavalier ou dragon, en rendra compte au capitaine de la compagnie dont sera ledit soldat, cavalier ou dragon, et au major du régiment.

34. Les officiers et sous-officiers seront tenus, en rendant compte au major du régiment des punitions qu'ils auront ordonnées, de lui remettre par écrit les motifs qui les y auront obligés.

35. L'élargissement de ceux qui auront été punis, sera demandé par écrit au major du régiment par ceux qui les auront punis, et le major le demandera au commandant du corps.

36. Sur les rapports qui seront faits au major, il dressera un état général des prisonniers qu'il remettra tous les matins au commandant du régiment.

37. Le major fera de plus enregistrer avec soin lesdits rapports, pour que le commandant du corps, sur le compte qu'il lui en rendra, puisse réparer ou punir les négligences qui pourroient se commettre, en abrégeant ou prolongeant les punitions.

38. Le commandant du régiment rendra compte, lors de la parade, au commandant de la place, des officiers, sous-officiers, soldats, cavaliers ou dragons, qui auront été mis en prison (sans être tenu de dé-

tailler les motifs de leur détention, si c'est pour discipline du corps), et lui demandera en même temps la
permission de faire sortir ceux qu'il jugera assez punis,
sans que ledit commandant de la place puisse se refuser
à leur élargissement, à moins de raisons essentielles,
dont il rendroit compte sur-le-champ au commandant
de la province.

39. Lorsque le colonel ou mestre-de-camp du régiment ne pourra se trouver à la parade pour raison de
service ou de maladie, le lieutenant-colonel, et, à son
défaut, le major rendra le compte et demandera les
permissions prescrites par l'art. 38.

40. En l'absence du capitaine le lieutenant aura le
même commandement sur la compagnie que si le capitaine y étoit présent; le sous-lieutenant l'aura de même
en l'absence du capitaine et du lieutenant.

41. En l'absence du fourrier le capitaine nommera un
sergent ou maréchal-des-logis de sa compagnie pour en
remplir les fonctions.

42. Au défaut du caporal l'appointé d'une escouade
en sera le chef.

43. Dans le temps des congés le commandant de la
compagnie partagera, entre les sous-officiers qui resteront à ladite compagnie, le soin et inspection des escouades et subdivisions.

44. Tous les régimens d'infanterie, de cavalerie ou
de dragons auront une garde de police à leur quartier
lorsqu'ils seront casernés.

La force de cette garde sera déterminée par le commandant du régiment, suivant ce qu'il est dit à l'art.
3 du titre VI.

45. Chaque régiment fournira de plus une sentinelle
à sa caisse chez l'officier chargé du détail, et une à ses
drapeaux, étendards ou guidons, chez le commandant
du corps.

A cet effet il sera commandé dans l'infanterie deux
petites gardes d'un caporal et de quatre hommes chacune, et dans la cavalerie ou les dragons, de même
deux gardes de quatre cavaliers ou dragons, commandées chacune par un brigadier ou carabinier.

Ces petites gardes seront reçues dans le corps-de-garde le plus voisin des logemens où elles devront poser leurs sentinelles.

46. La garde de police du quartier et celles de la caisse et des drapeaux, étendards ou guidons, ne seront point comprises sur l'état de service de la place, se relèveront toutes les vingt-quatre heures, et se rendront tous les matins à dix heures et demie, de leur quartier, en droiture à leur poste.

47. Aussitôt après que les soldats seront levés, et avant qu'ils sortent des chambres, les fourriers ou sergens feront l'appel de leur compagnie.

Le signal de cet appel sera donné par un roulement.

48. Après l'appel, les jours qu'il n'y aura pas d'exercice, et aussitôt après les exercices, lorsqu'il y en aura, les sous-officiers feront nettoyer les chambres, et mettre les soldats de tout point dans l'état de propreté convenable.

49. Le tambour-major fera de même l'appel des tambours, et veillera à leur propreté et à celle de leurs chambres.

50. Dans la cavalerie et les dragons, l'appel se fera aussitôt que les cavaliers et dragons seront levés, et avant qu'ils entrent aux écuries.

51. Les cavaliers et dragons se rendront aux écuries à cinq heures du matin en été, et à six heures en hiver, relèveront la litière, nettoieront l'écurie et donneront à manger aux chevaux.

Les maréchaux-des-logis s'y trouveront pour y veiller.

52. Après que les chevaux auront mangé ils seront pansés par les cavaliers et dragons, en présence des sous-officiers de leur compagnie.

Si le temps le permet on les pansera dehors.

53. Un capitaine commandé à cet effet la veille à l'ordre, un aide-major ou sous-aide-major, et un lieutenant ou sous-lieutenant par compagnie, se trouveront à la même heure au quartier, pour voir si tous ces soins se prennent avec exactitude, et si les cavaliers ou dragons pansent bien les chevaux.

54. Ils feront visiter et panser devant eux les chevaux blessés, et défendront de les monter, si le genre de leur blessure ne le permet pas.

S'il y en a de malades ou qui ne mangent pas bien, ils les feront examiner par le maréchal.

55. Les fouriers et maréchaux-des-logis rendront alors compte au lieutenant ou sous-lieutenant de leur compagnie, de tout ce qu'il y aura eu de nouveau dans leur compagnie depuis la veille; ils rendront le même compte à l'officier-major.

56. Tout cheval qui commencera à jeter et qu'on soupçonnera attaqué de quelque maladie contagieuse, sera sur-le-champ séparé des autres, et on prendra toutes les précautions convenables pour qu'il n'ait aucune communication avec eux.

57. Les jours de marche et au retour des exercices, on ne pansera les chevaux que lorsqu'ils seront secs; on observera de même, s'ils ont chaud, de ne pas les desseller et débrider trop tôt, et de les laisser le temps convenable sans manger ni boire.

58. Les sous-officiers tiendront la main à ce que tous les cavaliers ou dragons de chaque chambrée prennent soin, tour-à-tour, des chevaux des cavaliers ou dragons de leur chambrée qui seront à l'hôpital, et absens par congés ou pour raison de service.

59. A sept heures et demie du matin en été, et à huit heures en hiver, les cavaliers ou dragons mèneront les chevaux à l'abreuvoir.

Ils y seront conduits en ordre, menant chacun un cheval de main et marchant en file; un maréchal-des-logis marchera à leur tête et un brigadier à la queue : ces sous-officiers ne mèneront point de cheval de main.

On observera dans les régimens de dragons de faire mener les chevaux de main un jour *à droite*, et un jour *à gauche* alternativement.

60. On ne fera jamais entrer les chevaux dans l'eau toutes les fois qu'il sera possible de les faire boire au seau.

61. Un des lieutenans ou sous-lieutenans qui se trou-

veront au quartier, se rendra à l'abreuvoir pour veill
à ce que tout s'y passe dans l'ordre prescrit.

62. Au retour de l'abreuvoir, on essuiera les jamb
des chevaux, s'ils sont entrés dans l'eau, et on le
donnera l'avoine à tous en même temps, observant
placer un cavalier ou dragon de trois en trois chevau
pour qu'ils mangent devant eux, et qu'ils ne se ba
tent pas.

63. Les officiers tiendront la main à ce que les cav
liers ou dragons fassent tous les mois les crins et
barbe de leurs chevaux, et tous les deux mois le p
des jambes; on observera, en leur coupant le bout
la queue, de ne le couper qu'à huit pouces de terr
et on ne leur coupera sur l'encolure que ce qu'il fa
précisément de place pour la têtière de la bride.

64. Les officiers tiendront pareillement la main à
que les chevaux soient ferrés toutes les six semain
ou tous les deux mois au plus tard, et à ce que les f
soient le plus légers qu'il sera possible, en proporti
du pied du cheval.

65. Lorsque les officiers des compagnies jugero
nécessaire de faire barrer les chevaux et particuliè
ment ceux de remonte, ils en avertiront le major
régiment, qui fera fournir les barres et cordes néc
saires, aux dépens du roi.

66. Dès que les chevaux auront mangé l'avoine, l
cavaliers ou dragons retourneront dans leurs char
brées; les sous-officiers leur feront nettoyer les char
bres, et les feront mettre dans l'état de propreté co
venable.

Le plus ancien trompette ou tambour fera observ
le même soin aux trompettes et tambours.

67. Une demi-heure après que les sous-officiers a
ront fait exécuter ce qui est prescrit ci-dessus, les fou
riers feront une visite des chambrées de leur comp
gnie, pour examiner si les chefs de chambrée n'ont ri
négligé, et ils en rendront compte à l'officier de le
compagnie.

68. Le capitaine de police, l'officier-major et l
lieutenans ou sous-lieutenans resteront au quartier ju

qu'à ce que les chevaux aient fini de manger l'avoine, après quoi l'officier-major ira rendre compte au major du régiment, de l'état du régiment, et les lieutenans ou sous-lieutenans rendront compte au capitaine de celui de leur compagnie à la parade.

69. Soit dans l'infanterie, soit dans la cavalerie, on ne gardera dans les chambres aucuns malades, et on les enverra à l'hôpital, à moins qu'ils n'aient qu'une indisposition ou maladie légère.

70. A l'égard des galeux, on ne les enverra à l'hôpital que dans le cas où ils seroient attaqués de maladies compliquées; ils leur sera assigné une ou plusieurs chambres séparées dans le quartier du régiment, et ils y seront traités suivant les arrangemens faits par les régimens et approuvés par le secrétaire d'état ayant le département de la guerre.

71. A huit heures et demie, le tambour-major de chaque régiment assemblera tous les tambours et en fera l'inspection; ils iront ensuite battre *la garde* à neuf heures précises, ainsi qu'il est prescrit par l'article 2 du titre X.

72. A neuf heures, le caporal ou chef de chaque chambrée qui devra fournir des hommes pour la garde, fera l'inspection de leur équipement et armement, pour s'assurer que tout soit dans le bon ordre; et si quelque soldat se trouve en faute, il le condamnera à faire, à la descente de sa garde, toutes les corvées de sa chambrée pendant quatre jours.

73. A neuf heures et demie, il sera fait deux *roulemens*; le sergent de la subdivision fera une seconde inspection, délivrera à chaque soldat trois cartouches à balles; et s'il trouve quelqu'un en faute, il mettra aux salles de discipline pour huit jours le caporal de la chambrée dont sera le soldat en faute.

74. A dix heures, le lieutenant ou le sous-lieutenant de chaque compagnie se rendront alternativement au quartier, pour y faire la visite des chambrées, voir manger la soupe, examiner si l'argent du prêt destiné à l'ordinaire, y est exactement employé, et faire ensuite l'inspection des hommes de garde.

75. Les jours où le régiment devra être exercé le matin, les lieutenans ou sous-lieutenans ne feront la visite des chambrées que le soir à l'heure du souper, afin de donner le temps aux sous-officiers de faire mettre tout en état.

76. Les lieutenans ou sous-lieutenans rendront compte à la parade, au capitaine de leur compagnie, sur tous les objets de leur visite; si ledit capitaine, pour des raisons indispensables, ne se trouvoit point à la parade, lesdits lieutenans ou sous-lieutenans se rendront chez lui pour lui rendre ce compte.

77. Les cavaliers ou dragons qui devront monter la garde, selleront leurs chevaux à dix heures, s'habilleront et se tiendront prêts à sortir au premier *appel*, qui se sonnera une demi-heure avant l'assemblée des gardes du régiment.

A ce signal, les maréchaux-des-logis feront l'inspection des hommes de garde, et mettront aux salles de discipline les brigadiers des chambrées où ils trouveront quelqu'un en faute; ils délivreront cinq cartouches à balle par cavalier de garde, et quatre par dragon, tant pour leurs mousquetons et fusils, que pour leurs pistolets.

78. L'heure de l'assemblée des gardes de chaque régiment sera réglée par le commandant dudit régiment, selon le temps qu'il faudra aux nouvelles gardes pour se rendre sur la place d'armes au rendez-vous général des gardes de la garnison.

79. Une demi-heure avant l'assemblée des gardes, il sera fait trois *roulemens*, les lieutenans ou sous-lieutenans feront une inspection des soldats de garde de leur compagnie; et s'ils ne les trouvent pas en règle de tout point, ils mettront aux salles de discipline les sergens des subdivisions où ils trouveront un soldat en faute.

Ils feront ensuite partir ces soldats, conduits par le sous-officier qui devra monter la garde, ou par un sergent, lorsqu'il n'y aura pas de sous-officier, pour aller au rendez-vous indiqué pour l'assemblée des gardes du régiment.

80. Un officier supérieur par régiment, et tous les officiers qui devront monter la garde, se trouveront audit rendez-vous à l'heure fixée; les fourriers des compagnies qui fourniront des officiers et sous-officiers de garde, s'y trouveront en même temps pour remettre à chacun d'eux un billet sur lequel sera écrit le nom du poste qui leur sera échu.

81. Les officiers de cavalerie et les maréchaux-des-logis qui devront monter la garde à pied, ne seront armés que d'un sabre, mais ceux qui devront la monter à cheval seront de plus armés de leurs pistolets et de leurs cuirasses ou plastrons.

82. Un aide-major ou sous aide-major formera en bataille le détachement que le régiment devra fournir pour la garde.

Les sergens de garde se placeront dans le rang, et les officiers à quatre pas en avant.

83. Dans la cavalerie et les dragons, un officier-major par régiment formera de même les détachemens, soit à pied, soit à cheval, que devra fournir le régiment, en se conformant à ce qui est prescrit par les ordonnances d'exercice de la cavalerie et des dragons.

84. Le colonel ou mestre-de-camp, le lieutenant-colonel ou le major, ou à leur défaut le plus ancien capitaine qui sera commandé à cet effet, fera alors l'inspection générale de la garde du régiment; et si tout n'est pas en règle, il punira le lieutenant ou sous-lieutenant de la compagnie dont sera le sous-officier ou soldat en faute.

L'officier supérieur fera marquer en même temps, par un officier-major, les compagnies qu'il n'aura pas trouvées en règle, et fera remettre cet état à l'officier supérieur qui devra faire l'inspection le lendemain, afin que si les mêmes compagnies tombent en faute, les capitaines desdites compagnies soient mis aux arrêts.

85. En même temps que l'inspection se fera, un porte-drapeau rassemblera tous les fourriers du régiment, avec un sergent et un caporal par compagnie; il les formera sur trois rangs à la gauche de la garde, et en fera l'appel et l'inspection.

86. Dès que la nouvelle garde se mettra en marche pour se rendre sur la place d'armes, elle sera suivie par les fourriers, sergens et caporaux d'ordre, lesquels en arrivant sur ladite place, s'y formeront dans l'ordre prescrit à l'article 4 du titre XIII.

Dans la cavalerie et les dragons, un porte-étendard ou porte-guidon rassemblera de même tous les fourriers du régiment, et les conduira sur la place d'armes.

87. L'officier supérieur ayant fait son inspection, fera disposer toute la garde de son régiment comme si c'étoit un bataillon, la fera marquer par demi-rang, par quart de rang ou par peloton, suivant sa force, et attachera ensuite à chaque division, autant qu'il se pourra, un nombre égal d'officiers ou de sergens.

L'officier supérieur de cavalerie ou de dragons en usera de même pour les détachemens qui devront monter la garde à pied; mais quant aux gardes à cheval, il les fera disposer comme il est prescrit par l'ordonnance de l'exercice de la cavalerie.

La garde ainsi rangée, l'officier supérieur ordonnera, s'il le juge à propos, à l'officier de garde le premier ou le plus ancien en grade, de lui faire faire telles manœuvres qu'il indiquera, jusqu'à ce que l'heure de se rendre à la place d'armes soit arrivée.

88. Alors il lui ordonnera de la mettre en colonne, de lui faire ouvrir ses rangs à deux pas de distance, et de lui faire porter les armes ou le mousqueton au bras.

A l'égard des gardes à cheval de cavalerie ou de dragons, on leur fera mettre le sabre dans le fourreau.

89. L'officier-major se mettra à la tête de cette garde.

Celle de l'infanterie sera précédée de tous les tambours du régiment, qui marcheront sur plusieurs rangs, le tambour major à leur tête.

90. La garde marchera dans cet ordre et dans le plus grand silence, au pas redoublé, jusqu'à cinquante pas de la place d'armes, alors l'officier-major fera à la garde de son régiment les commandemens nécessaires pour

porter les armes ou le mousqueton, si la garde de cavalerie est à pied, ou pour mettre le sabre à la main si elle est à cheval : il ordonnera ensuite aux tambours de battre *aux champs* et au trompette de sonner *la marche* ; et la garde étant arrivée sur la place d'armes, il la remettra à l'aide-major de la place qui, conformément à l'article 9 du titre X, s'y trouvera pour rassembler toutes les nouvelles gardes de la garnison.

91. Après la parade et l'ordre donné, les fourriers et sergens rendront l'ordre aux officiers de leur compagnie, et les majors et officiers-majors, aux officiers supérieurs de leur régiment.

92. Le major de chaque régiment portera l'ordre au commandant du régiment, lorsque cet officier n'aura pu se trouver à la parade pour des raisons indispensables.

93. Toutes les fois que le colonel ou mestre-de-camp sera présent, ce sera un aide-major qui donnera ou portera l'ordre au lieutenant-colonel : mais ce sera le major, quand le lieutenant-colonel commandera le régiment.

94. Si le major du régiment n'a pas pu se trouver à la parade, l'aide-major qui aura donné l'ordre pour lui au cercle, le lui portera.

95. Deux sergens ou maréchaux-des-logis qui rouleront pour ce service sur tout le régiment, porteront l'ordre aux officiers-majors, quartier-maîtres, porte-drapeaux, porte-étendards et porte-guidons qui, pour raison d'autre service, n'auront pu se trouver à la parade.

96. Dans tous ces cas, les officiers-majors et sous-officiers qui devront porter l'ordre à quelqu'un, seront tenus d'aller jusqu'à son logement ou son auberge, et s'ils ne l'y trouvent pas, d'y laisser l'ordre par écrit.

97. Les fourriers, sergens et caporaux d'ordre ayant été remenés au quartier de leur régiment, conformément à l'article 16 du titre XIII, donneront aussitôt l'ordre aux sergens, maréchaux-des-logis, caporaux ou brigadiers de leur compagnie, observant de leur expli-

quer dans le plus grand détail tout ce qui aura été dit
tant à l'ordre général de la place qu'à l'ordre particulier de leur régiment, et ce qu'ils auront à faire en
conséquence.

98. Lorsqu'après avoir descendu la garde, les soldats, cavaliers et dragons rentreront dans leurs casernes
ou logemens, les chefs de chambrée leur feront décharger les armes avec des tire bourres, retireront ensuite
les cartouches qui leur auront été données, et les remettront aux sergens ou maréchaux-des-logis de leurs
subdivisions.

99. Après que lesdits soldats, cavaliers et dragons
auront pris quelques heures de repos, les caporaux ou
brigadiers leur feront nettoyer leurs armes, blanchir
leur buffleterie et réparer tout leur habillement, équipement et harnachement, de manière que le lendemain
matin ils soient en état de paroître sous les armes.

Les cavaliers ou dragons qui auront monté la garde
à cheval, s'occuperont toutefois en arrivant de donner
les soins nécessaires à leurs chevaux.

S'il y a des chevaux malades, le maréchal-des-logis
ou brigadier les fera sur-le-champ examiner par le maréchal.

100. S'il y avoit quelque chose de cassé aux armes,
ou de déchiré aux habits et harnois, les sous-officiers
en avertiront sur-le-champ le fourrier, pour qu'il y fût
fait les réparations nécessaires.

101. Tous les jours à midi, les cavaliers ou dragons
se rendront aux écuries pour y donner à manger aux
chevaux un quart de ration de foin ou de la paille.

102. Ils y retourneront à trois heures du soir pendant l'hiver, et à quatre pendant l'été, pour brosser les
chevaux, les peigner, les éponger, les faire boire, leur
donner l'avoine, et ensuite de la paille lorsqu'il y en
aura.

103. A huit heures en été, et à six heures en hiver,
ils garniront les râteliers de fourrage pour la nuit, et
feront la litière aux chevaux.

104. Les chevaux seront menés le soir à l'abreuvoir
dans le même ordre que le matin.

105. Il y aura jour et nuit un cavalier ou dragon de garde dans chaque écurie, lorsqu'elle contiendra les chevaux d'une compagnie, et dans toutes il y aura une lampe allumée pendant la nuit, laquelle sera enfermée dans une lanterne , pour prévenir les accidens du feu.

106. Le lieutenant ou le sous-lieutenant de chaque compagnie se trouvera le soir au quartier, à l'heure où l'on fera boire les chevaux ; il s'y trouvera de plus un aide-major ou sous-aide-major du régiment, et le capitaine de police qui aura fait la visite du matin.

107. Indépendamment de ces visites prescrites, chaque capitaine sera personnellement responsable de la tenue et police de sa compagnie, tant en hommes qu'en chevaux.

108. Les officiers supérieurs des régimens de cavalerie ou de dragons veilleront avec soin à ce qu'aucune compagnie ne s'écarte des règles prescrites par le *présent titre*.

109. A cet effet, l'un d'eux se trouvera chaque jour alternativement aux casernes ou logement du régiment, pour veiller à l'exécution de tout ce qui est ordonné, faire faire l'*appel* des officiers qui doivent y veiller, et punir ceux qui y manqueront ; il fera en même temps la visite de quelques chambrées, s'en prendra aux lieutenans et sous-lieutenans des compagnies où tout ne sera pas en règle, et verra si les officiers sont exacts à leur devoir.

110. Dans le temps des congés, le lieutenant ou le sous-lieutenant de chaque compagnie se trouvera au quartier une fois par jour seulement, le matin ou le soir alternativement.

Il en sera de même du capitaine commandé pour la police journalière ; mais il y aura toujours, soir ou matin, un officier-major.

L'officier supérieur qui commandera le régiment pendant l'hiver, ne sera point assujetti aux visites journalières prescrites par l'article 109.

111. On fera dans tous les régimens deux appels par jour.

6

Le premier se fera le matin, conformément à l'article 47, et le second une demi-heure après la retraite battue, comme il est prescrit par l'article 120.

112. Les fourriers, sergens et maréchaux-des-logis feront eux-mêmes ces appels; ils formeront leur compagnie en haie pour l'appel du jour; celui de la nuit se fera dans les chambrées, avec de la lumière.

113. Il y aura dans le régiment un porte-drapeau, un porte-étendard ou porte-guidon commandé chaque jour pour recevoir tous les billets d'appel.

114. L'appel étant fini, le fourrier ou l'un des sergens ou maréchaux-des-logis remettra le billet d'appel de la compagnie audit porte-drapeau, porte-étendard ou porte-guidon.

115. Celui-ci dressera l'appel général du régiment, et en portera sur-le-champ une copie au major du régiment, et une autre au major de la place.

116. Les fourriers, sergens ou maréchaux-des-logis qui ne feront pas l'appel exactement, seront mis à la salle de discipline pour huit jours.

117. Si l'on s'aperçoit d'une négligence affectée, et qu'elle ait favorisé la désertion d'un soldat, cavalier ou dragon, ils seront cassés et mis à la queue de la compagnie.

118. Aussitôt qu'un sous-officier s'apercevra qu'un homme de sa compagnie aura déserté, il ira sur-le-champ en rendre compte à son capitaine et au major du régiment, sous peine de subir la punition prescrite par l'*article précédent*.

119. Une demi-heure avant la fermeture des portes, le tambour-major ou le plus ancien trompette de chaque régiment rassemblera tous les tambours ou trompettes et les conduira sur la place d'armes, pour battre la retraite, conformément à ce qui est prescrit par l'article 2 du titre XIV.

120. Une demi-heure après la retraite, il sera battu *trois roulemens* dans le quartier.

A ce signal, on fera l'appel dans la forme prescrite par l'article 112.

121. Tous les soldats, cavaliers ou dragons seront

obligés d'être rendus à leurs casernes ou logemens une
demi-heure après la retraite; et tous ceux qui seront
arrêtés dans les rues après cette demi-heure, seront
conduits au corps-de-garde de la place, et mis le lendemain aux salles de discipline pour huit jours.

On mettra au piquet ou dans les prisons de la place
ceux qui seront arrêtés faisant du désordre, ou qui seront sujets à manquer aux appels.

122. Les sergens ou maréchaux-des-logis qui n'auront pas dénoncé sur leurs billets d'appel les soldats,
cavaliers ou dragons qui seront arrêtés, seront punis
suivant l'exigence du cas, conformément à ce qui est
prescrit par les articles 116 et 117.

123. Les soldats, cavaliers ou dragons ne travailleront de leurs métiers que chez les maîtres-ouvriers des
villes où ils seront en garnison, hors que ce ne soit
pour le service et les réparations du régiment; auquel
cas, ils ne pourront travailler ailleurs que dans leurs
quartiers ou casernes.

124. Les commandans des régimens pourront donner
des permissions de travailler à six soldats par compagnie, et ceux auxquels elles seront accordées pourront
faire faire leur service par leurs camarades en les payant.

125. Les soldats qui travailleront pour le compte
du roi, seront dispensés de faire leur service et de le
payer.

126. Depuis le mois de mai jusqu'au premier août,
tous les travailleurs seront assujettis à faire l'exercice
deux fois par semaine, aux jours fixés par le commandant du régiment; et depuis le premier août jusqu'au
premier octobre, ils le feront trois jours de la semaine.

127. Il ne sera donné de permission à aucun travailleur, qu'il ne soit de la première classe, et qu'il
n'en ait un certificat du capitaine de la compagnie et de
l'aide-major du bataillon.

128. Aucun travailleur ne pourra se dispenser de se
rendre tous les jours au quartier, à l'heure de la retraite, et d'y coucher, sans une permission par écrit du
commandant de son corps, visée du commandant de la
place.

129. On fera le prêt tous les cinq jours, et l'on en déduira, indépendamment du linge et chaussure, deux sous par jour pour chaque sous-officier, soldat, cavalier ou dragon, lorsque Sa Majesté fournira le pain.

130. Le prêt des soldats, cavaliers ou dragons sera mis à l'ordinaire, et ne pourra être employé à d'autre usage qu'à leur nourriture et au paiement du blanchissage et du fraier.

Les caporaux ou les brigadiers ne mettront à l'ordinaire que la même somme que les soldats, cavaliers ou dragons.

131. Les fourriers, sergens et maréchaux-des-logis de chaque compagnie feront chambrée entre eux, sans pouvoir y admettre aucun soldat, cavalier ou dragon.

Si l'ordinaire n'est pas assez nombreux, les fourriers, sergens ou maréchaux-des-logis de deux compagnies se réuniront.

132. Il sera donné aux fourriers, sergens et maréchaux-des-logis, un sou de plus de prêt par jour, lequel sou sera pris sur leur haute-paie, et ajouté à la masse de l'ordinaire, pour établir une distinction entre ledit ordinaire et ceux des soldats.

133. Le caporal ou brigadier, et les soldats, cavaliers ou dragons de chaque chambrée, feront ordinaire ensemble; et lorsque les chambrées ne seront pas assez fortes, on en réunira deux, pour ne faire qu'un seul ordinaire,

134. Le tambour-major réglera les chambrées des tambours qui feront ordinaire ensemble.

Quand à lui, il se réunira à l'ordinaire des fourriers et sergens de la compagnie colonelle.

135. Chaque jour de prêt, l'état en sera dressé par le fourrier de chaque compagnie, déduction faite de l'argent qui pourroit être resté du prêt précédent sur la solde des soldats, cavaliers ou dragons morts, désertés, partis par congé ou entrés à l'hôpital : ledit fourrier présentera cet état au capitaine ou commandant de la compagnie, qui le vérifiera et le signera ; le fourrier le portera ensuite chez l'officier chargé de la

caisse, qui ne donnera l'argent du prêt que sur cet état et à l'heure indiquée par le commandant du régiment.

136. Le capitaine ou commandant de la compagnie étant responsable de l'argent du prêt, pourra l'aller ou l'envoyer recevoir par le lieutenant ou le sous-lieutenant de la compagnie; et dans tous les cas il y aura toujours un officier de la compagnie présent à la distribution qui sera faite du prêt par le fourrier aux chefs de chambrées.

137. Dans un bataillon ou escadron où il se trouveroit par des accidens imprévus, quelques compagnies sans officiers pour la commander, l'aide-major ou sous-aide-major signera l'état du prêt qui lui sera porté par le fourrier, et veillera à ce que la distribution en soit faite aux chefs de chambrées.

138. Le surplus de la paie d'un mois des fourriers, sergens, maréchaux-des-logis, caporaux, brigadiers, appointés, carabiniers, grenadiers, tambours et trompettes, leur sera payé tous les quatre mois par l'officier chargé de la caisse, sur un état particulier signé par le capitaine ou commandant de la compagnie.

Il sera toutefois déduit du décompte des fourriers, sergens et maréchaux-des-logis, un sou par jour, qui, conformément à l'article 132, leur sera donné en supplément de prêt.

139. Le décompte de haute-paie des désertés, sera mis à la masse du menu entretien.

Celui des morts sera donné à leurs héritiers, après la déduction faite de ce qu'ils pourroient devoir.

140. Quant aux appointemens des officiers supérieurs, de ceux de l'état-major et des officiers de chaque compagnie, ils leur seront payés le 2 de chaque mois pour le mois précédent, sur l'état qui en sera dressé par le major, signé par le commandant du régiment, et envoyé ensuite à l'officier chargé de la caisse.

141. Le commandant du régiment fera tous les mois une visite générale des havresacs; à cet effet il fera rassembler le régiment à l'improviste, et sans bruit de caisse ou de trompette, chaque sous-officier, soldat, cavalier ou dragon apportera et déploiera devant lui son

havresac ou porte-manteau, et le commandant du régiment visitera les effets qui y seront contenus, partageant une partie des bataillons ou escadrons entre les officiers supérieurs, afin d'employer moins de temps à faire cette visite.

142. Si dans cette visite on découvre qu'un soldat, cavalier ou dragon ait perdu ou vendu quelque chose de ce qui lui aura été fourni, il sera mis au piquet, et le major ordonnera le remplacement des effets perdus ou vendus, sur la masse du linge et chaussure.

143. Lorsqu'un soldat, cavalier ou dragon détruira ou perdra, par sa faute, quelque partie de son armement, équipement, habillement ou harnachement, il sera de même condamné au piquet; mais alors les effets seront remplacés ou réparés sur les quinze livres qu'il aura à la masse.

144. Le commandant du régiment veillera à ce que les officiers payent régulièrement leurs auberges tous les mois, et à ce que le prix desdites auberges ne soit point porté trop haut.

145. Entend Sa Majesté que les intendans des provinces prennent toutes les précautions nécessaires pour que le prix des denrées et des fourrages n'augmente pas dans les villes et places de leur généralité, lorsqu'il y aura des troupes, et elle les charge d'y tenir la main avec la plus grande exactitude.

146. Tout officier qui aura contracté des dettes sera mis en prison jusqu'à ce qu'il ait acquitté lesdites dettes; et si c'est au départ du régiment, on se conformera à ce qui est réglé par les articles 24 et 25 du titre XXXII.

147. Les commandans des corps veilleront avec le plus grand soin à ce que leurs régimens ne s'écartent en aucun point de la discipline et police prescrites par le présent titre.

TITRE XXII.

Des exercices des troupes.

ART. 1er. Les troupes se conformeront avec la plus grande exactitude, pour leurs différens exercices, à ce qui est prescrit par les ordonnances d'exercice.

2. Les officiers-généraux et les inspecteurs rendront compte à Sa Majesté des progrés de chaque régiment, et tiendront la main à ce que lesdites ordonnances soient exactement suivies.

3. A cet effet ils assisteront, le plus souvent qu'il leur sera possible, aux exercices des troupes qui seront sous leurs ordres.

4. Les commandans des régimens demanderont la permission, une fois pour toutes, au commandant de la place, pour les exercices de détail et de classe qu'ils voudront faire faire dans l'intérieur de la place; mais jamais les bataillons ou escadrons du régiment ne feront l'exercice en entier, dedans ou dehors de la place, sans une permission particulière.

5. Lorsque les troupes devront sortir de la place pour les exercices, elles préviendront le commandant de la place de l'heure et de la porte par laquelle elles devront rentrer, afin que ledit commandant envoie un ordre à la garde de cette porte, de les laisser rentrer sans retard, après les avoir toutefois fait reconnoître avec les précautions ordonnées.

6. Il sera fourni chaque année pour les exercices cinq cents livres de poudre et deux cent cinquante livres de plomb en balles, à chaque bataillon d'infanterie française ou étrangère; cinquante livres de poudre et vingt-cinq livres de plomb à chaque escadron de cavalerie, et trois cents livres de poudre avec cent cinquante livres de plomb à chaque régiment de dragons.

7. Ces munitions seront distribuées aux troupes, des magasins de Sa Majesté, dans les places où il en aura,

et par les commissaires des poudres dans les villes où il n'y aura point de magasin d'artillerie.

8. Les commandans des places veilleront aussi à ce que ces munitions ne soient délivrées aux troupes que par parties, et à mesure qu'elles en auront besoin, sans souffrir que, sous tel prétexte que ce soit, elles puissent prendre tout à la fois, ni qu'il leur soit jamais tenu compte des munitions qui n'auront pas été consommées.

9. Sur ces munitions, seront prises les cartouches à balle qui, conformément aux art. 73 et 77 du titre XXI, doivent être données aux soldats, cavaliers ou dragons de garde.

10. Les officiers-généraux, les inspecteurs et les commandans des places veilleront, pour la distribution des munitions, à ce qui est prescrit par les articles 7, 8 et 9, et à ce qu'elles soient employées par les troupes le plus utilement qu'il sera possible.

11. Les balles qui auront servi à tirer à la cible, et qui auront été retrouvées, pourront être échangées dans les magasins du roi, où il en sera rendu pareil poids façonné, indépendamment de la fourniture ci-dessus réglée.

12. Tout soldat, cavalier ou dragon qui vendra ou détournera les munitions qui lui auront été données, sera mis au piquet pendant quinze jours, et puni plus rigoureusement, suivant l'exigence du cas.

13. Indépendamment des exercices ordinaires de l'infanterie, il sera fait chaque année dans les places de guerre des exercices simulés relatifs à l'attaque et à la défense desdites places.

14. Ces exercices embrasseront quelques-unes des opérations auxquelles l'infanterie est employée dans les siéges, comme attaque et défense de chemins couverts, construction d'épaulemens, traverses, coupures, logemens, passage de fossés dans les places où les fossés seront à sec, etc.

15. On choisira à cet effet les temps de l'année où les herbes des glacis seront coupées et renfermées, et les parties de chemins couverts qui ne seront point revêtus de palissades.

16. L'officier-général ou commandant de là place arrêtera d'avance, avec l'ingénieur en chef de ladite place, les dispositions de l'opération qu'on voudra faire exécuter.

17. Les ordres seront donnés aux troupes en conséquence ; on y emploiera toujours les compagnies de grenadiers ; et pour éviter que la quantité de troupes ne nuise aux détails d'instruction, il n'y aura jamais à ces exercices plus de quatre bataillons.

18. Les ingénieurs dirigeront les troupes chargées des différentes opérations de défense et d'attaque, faisant connoître aux unes la meilleure manière d'occuper les ouvrages, l'avantage et les moyens de se procurer des tirs horizontaux, croisés, directs ou de flanc ; aux autres la direction la moins meurtrière à suivre pour arriver sur les ouvrages ; la partie de ces ouvrages la plus dégarnie de feu et la plus susceptible d'attaque ; et ensuite quand elles les auront emportées, la manière de s'y loger promptement, la forme et la construction du logement, les précautions à prendre contre les assiégés, etc.

19. Pour donner aux troupes une notion pratique encore plus exacte, le tracé du logement et des traverses et coupures sera figuré avec des bottes de paille ou fascines, qui seront prises à cet effet dans les magasins, et y seront reportées après les exercices.

20. Ces exercices seront répétés une fois tous les quinze jours pendant l'été et dans les temps indiqués à l'article 15 du présent titre : les premiers se feront sans poudre, afin d'y enseigner uniquement aux troupes les emplacemens qu'elles devront occuper, mais dans les autres, il sera toujours distribué des munitions.

21. Dans les places où il y aura des terrains propres à cet usage, il sera établi, pendant huit jours de l'année, une école de construction pour tous les ouvrages de campagne à l'usage des postes d'infanterie, comme flèches, redans, redoutes, etc.

22. Ces ouvrages seront dirigés par les ingénieurs, et toute l'infanterie de la garnison y fournira les travailleurs nécessaires.

6

23. Tous les officiers seront tenus de se trouver, soir et matin, sur le terrain de ces travaux, afin de prendre des notions pratiques sur le tracé, la dimension, la construction et l'usage des différens ouvrages de campagne.

24. Veut Sa Majesté qu'il lui soit rendu compte par les inspecteurs et officiers-généraux, des officiers de son infanterie qui développeront des talens dans ces exercices, et de ceux qui y montreront de l'application.

TITRE XXIII.

Des distributions.

ART. 1er. Le quartier-maître du régiment sera chargé des distributions de toute espèce ; il en tiendra les états, donnera les reçus, en y faisant mention des quantités qui auront été délivrées à chaque compagnie, et veillera à ce que lesdites distributions se fassent en règle.

2. En l'absence ou au défaut du quartier-maître, il se trouvera un officier-major à toutes les distributions.

3. Le quartier-maître prendra à l'avance des fourriers des compagnies l'état de chaque distribution de pain, viande, fourrages et autres, et en dressera un état général par compagnie, bataillon, escadron et régiment, qu'il fera signer au major.

4. Lorsque les soldats, cavaliers ou dragons devront aller à quelque distribution, on les assemblera en veste ou sarrau et en bonnet ; ils y seront conduits en règle par le fourrier de la compagnie ou autre sous-officier chargé de la distribution, et par des officiers ou sous-officiers armés en proportion de leur nombre et de l'éloignement du lieu où devra se faire la distribution.

5. Lorsque les soldats, cavaliers ou dragons n'excéderont pas le nombre de cent, il ne sera commandé pour les conduire qu'un lieutenant ou un sous-lieute-

nant; mais s'ils excèdent ce nombre, on commandera
un capitaine sur tout le régiment, avec des officiers
subalternes à proportion.

6. Si la distribution doit être faite hors de la place,
on commandera de plus un petit détachement armé
pour servir d'escorte aux soldats, cavaliers et dragons,
et pour leur police.

7. Les officiers, sous-officiers et soldats commandés
pour l'escorte et police des distributions, y marcheront
par tour de corvées.

8. Les soldats, cavaliers ou dragons qui iront aux
distributions, seront, avant leur départ, formés par
compagnies, bataillons ou escadrons, et partagés par
divisions égales à proportion de leur nombre, ils se
mettront ensuite en marche, et seront conduits jusqu'au lieu de la distribution avec autant d'ordre que
s'ils étoient sous les armes.

9. Lorsqu'ils y seront arrivés, l'officier qui les commandera les mettra en bataille, et aucun d'eux ne pourra
s'écarter de son rang.

10. Il ira ensuite examiner, conjointement avec le
quartier-maître (qui se sera rendu, avant l'arrivée de
la troupe, au magasin ou lieu de la distribution), si
les denrées qui doivent être distribuées à la troupe sont
d'une bonne qualité, et si le poids et les mesures sont
justes.

11. Lorsqu'il y aura fraude ou abus de la part des
entrepreneurs ou autres fournisseurs, le quartier-maître
en fera avertir tur-le-champ le commandant du corps
et le commandant de la place, lesquels seront obligés
de se rendre, sans perdre de temps, au lieu de la distribution, pour examiner le sujet de la plainte et contenir la troupe en bon ordre.

12. Le quartier-maître, ou tout autre présent à la
distribution, en fera aussi prévenir en même temps le
commissaire des guerres, qui s'y transportera sur-le-
champ, constatera si l'objet des plaintes est fondé; et
dans le cas d'abus ou fraude manifeste de la part desdits entrepreneurs ou fournisseurs, il y remédiera sur-
le champ, et dressera un procès-verbal, qu'il adressera

au secrétaire d'état ayant le département de la guerre
et à l'intendant de la généralité : sur ce procès-verbal
il sera donné tels ordres qu'il appartiendra pour la p
nition des délits.

13. Défend Sa Majesté aux officiers-majors, qua
tiers-maîtres ou autres chargés de la distribution,
se faire, en aucun cas, justice eux-mêmes.

14. Tout étant prêt pour la distribution, la premiè
division ira recevoir ce qui devra lui être fourni; apr
qu'elle l'aura reçu, la seconde en fera de même,
ainsi des autres.

15. Lorsque la distribution d'un régiment sera con
mencée, elle ne pourra être interrompue par l'arriv
d'un régiment plus ancien que celui dont la distribu
tion sera commencée; mais si plusieurs régimens a
rivent en même temps, on commencera la distributio
par le plus ancien.

16. A mesure que la distribution d'une compagn
sera faite, les soldats, cavaliers ou dragons de cet
compagnie retourneront, sous les ordres de leurs sou
officiers, au quartier, sans pouvoir entrer dans aucun
maison en chemin.

Le détachement armé, s'il y en a un, fera l'arrièr
garde du tout.

TITRE XXIV.

Des hôpitaux.

ART. 1er. Les commissaires des guerres continueror
d'être spécialement chargés de la police et de l'inspec
tion des hôpitaux militaires, subordonnément aux in
tendans, qui en seront chargés supérieurement.

2. Il sera commandé tous les jours à l'ordre génér
un capitaine sur toute la garnison, pour faire, soir
matin, la visite d'hôpital; cet officier examinera si le
malades sont tenus proprement et s'ils n'ont aucun suje
de plainte, auquel cas il en rendra compte au com-

mandant de la place, qui en fera avertir le commissaire des guerres.

3. Les officiers supérieurs des régimens feront de temps en temps une pareille visite, pour voir par eux-mêmes si les malades de leur régiment sont bien de tout point, et rendront compte de leur visite au commandant de la place.

4. Les commandans des places feront tous les mois, et plus souvent s'ils le croient nécessaire, la visite de l'hôpital, pour examiner si tout est en ordre; ils ne pourront rien y ordonner, mais ils rendront compte au secrétaire d'état ayant le département de la guerre, des abus qui pourroient s'y commettre.

5. L'intention de Sa Majesté est, au surplus, qu'on se conforme pour l'administration, tenue et police des hôpitaux, à ce qu'elle a réglé par son ordonnance du premier janvier 1747, et à ses décisions postérieures.

TITRE XXV.

Des prisons militaires.

ART. 1er. Les prisons militaires d'une place seront toujours séparées des prisons civiles; et à cet effet, à mesure que les circonstances le permettront, il sera bâti des prisons militaires dans les places où il n'y en aura pas.

2. Ces prisons militaires seront disposées de manière que les chambres ou salles destinées pour les soldats, cavaliers, dragons, tambours et trompettes n'aient point de communication avec celles dans lesquelles on devra mettre les sous-officiers, ni celles-ci avec les chambres des officiers.

3. A cet effet la prison des sous-officiers sera placée dans des chambres particulières; défendant Sa Majesté à tous geoliers des prisons militaires de se réserver aucune chambre, sous tel prétexte que ce soit, à la réserve de celle destinée à leur logement.

4. Chaque cachot sera pareillement séparé et n'aura aucune communication ni avec les autres cachots, ni avec les salles ou autres chambres de la prison.

5. Il n'y aura d'autres meubles dans les chambres destinées aux officiers, qu'un lit garni, une table, une chaise, un chandelier et un pot-à-l'eau; ces meubles et ustensiles seront fournis aux dépens de Sa Majesté, laquelle défend très-expressément aux geoliers d'en louer ou d'en laisser entrer d'autres.

6. Tout officier qui sera mis en prison ne pourra être visité par qui que ce soit, sans une permission par écrit du commandant du corps, visée par le commandant de la place.

7. Il n'y aura dans les chambres des sous-officiers, soldats, cavaliers ou dragons, d'autres meubles que des bois de lits et des baquets, lesquels seront fournis aux dépens de Sa Majesté.

8. Il sera fourni une botte de paille du poids de douze livres à chaque sous-officier, soldat, cavalier ou dragon, le jour qu'il entrera en prison, et cette paille sera renouvelée tous les huit jours.

9. Tout sous-officier, soldat, cavalier ou dragon qui sera mis en prison, y sera au pain et à l'eau; il lui sera donné chaque jour, indépendamment de la ration fournie par Sa Majesté, une livre de pain de plus, dont la dépense sera prise sur sa solde, et le surplus de ladite solde sera employé comme il est prescrit par l'art. 26 du titre XXI.

10. Lorsqu'un sous-officier, soldat, cavalier ou dragon tombera malade dans la prison, le geolier en fera avertir sur le champ un sergent ou maréchal-des-logis de la compagnie de laquelle sera le prisonnier malade; celui-ci en avertira le chirurgien-major du régiment, et, à son défaut, celui de l'hôpital militaire, qui sera obligé de venir aussitôt visiter le malade; et s'il le trouve dans le cas d'aller à l'hôpital, il en donnera avis au commandant du régiment, lequel fera demander par le major ou un aide-major, au commandant de la place, la permission de faire sortir de prison le soldat, cavalier ou dragon malade, pour l'envoyer à l'hôpital.

11. Le commandant de la place ayant donné ladite permission par écrit au major ou aide-major du régiment, celui-ci l'enverra au geolier, et le prisonnier malade sera conduit à l'hôpital par un sergent ou maréchal-des-logis de sa compagnie ; si le prisonnier est criminel, il sera escorté à l'hôpital par un caporal et quatre fusiliers de son régiment, et il sera gardé jour et nuit par une sentinelle, qui à cet effet, sera placée à côté de son lit, et qui y sera relevée toutes les heures.

12. Le geolier ne pourra, sous peine d'être chassé, laisser entrer d'autres alimens pour les sous-officiers, soldats, cavaliers ou dragons, que du pain et de l'eau.

13. Il lui sera défendu, sous la même peine, de vendre ou donner auxdits sous-officiers, soldats, cavaliers et dragons, aucune autre espèce d'alimens ou de boissons, ni de les placer séparément des autres prisonniers de leur classe, chaque prisonnier devant rester dans la chambre commune à son grade.

14. Ledit geolier ne pourra demander pour la sortie de chaque prisonnier qu'un demi-jour de la solde, et il ne souffrira pas que, sous prétexte de bien-venue ou tout autre, on exige d'aucun prisonnier de l'argent ; indépendamment du demi-jour de la solde, il sera payé au geolier, sur l'ordonnance de l'intendant du département, un sou par jour pour la paille de chaque prisonnier.

15. Le geolier tiendra un registre côté et paraphé feuille par feuille par le major de la place, sur lequel il enregistrera les prisonniers qui entreront ou sortiront, et sera tenu d'en envoyer tous les matins un état au major de la place ; et le premier de chaque mois ledit major en fera faire un extrait qu'il comparera avec les comptes qui lui auront été rendus par les régimens, pour constater le nombre de jours des prisonniers du mois précédent ; il remettra ensuite ledit extrait signé de lui au geolier, pour servir à son paiement.

16. Le geolier fera sortir tous les jours des chambres ou des salles, les prisonniers, pour se promener et prendre l'air pendant une heure dans la cour de la prison ; chaque chambre ou salle aura une heure diffé-

rente pour que les sous-officiers, soldats, cavaliers ou dragons ne se rencontrent pas.

17. Il sera nommé tous les jours, à l'ordre général, un capitaine qui roulera sur toute la garnison, pour faire la visite de la prison, vérifier si la police y est exercée, si le geolier exécute ce qui lui est ordonné, s'il n'y a pas de sous-officiers, soldats, cavaliers ou dragons qui soient malades, et en rendre compte ensuite au commandant de la place.

18. Les régimens étrangers, autorisés à retenir leurs soldats dans des prisons particulières, ne pourront cependant se dispenser de se conformer, à l'égard de l'état-major de la place, à ce qui est prescrit aux régimens français.

TITRE XXVI.

Des conseils de guerre et exécutions (1).

ART. 1ᵉʳ. Les conseils de guerre qui seront assemblés dans les places, se tiendront chez les commandans desdites places, et lesdits commandans y présideront.

2. Les majors des places instruiront les procès qui devront être jugés par le conseil de guerre, et donneront leurs conclusions sans avoir voix délibérative.

5. Si le major d'une place se trouve commandant, ou s'il est absent, le premier aide-major remplira ses fonctions.

4. Aucun officier ne sera mis au conseil de guerre sans un ordre de Sa Majesté; le commandant de la place pourra cependant, dans les cas qui requerront

---

(1) Les lois pénales ayant subi beaucoup de changemens depuis 1768, il est bon de consulter à cet égard le *Guide des Juges militaires*, qui contient toutes les lois pénales publiées depuis 1790 jusqu'à ce jour; cet ouvrage forme un volume in-8°. qu'on trouve chez le même libraire.

célérité, faire entendre des témoins pour constater la
vérité des faits, et rendre ensuite compte de ces informations au commandant de la province et au secrétaire
d'état ayant le département de la guerre.

5. Lorsqu'un soldat, cavalier ou dragon d'une garnison où il y aura état-major, y commettra un crime ou
délit pour lequel il devra être jugé par un conseil de
guerre, l'officier commandant la compagnie dont sera
l'accusé, et, à son défaut ou refus, le major du régiment rendra sa plainte au commandant de ladite place,
pour obtenir qu'il en soit informé.

6. Ledit commandant de la place ne pourra refuser
de recevoir ladite requête sans des raisons très-graves,
dont il informera sur-le-champ le secrétaire d'état ayant
le département de la guerre, pour en rendre compte. à
Sa Majesté.

7. La requête ayant été répondue d'un *soit fait ainsi
qu'il est requis*, signée dudit commandant de la place,
s   remise au major de la place, lequel procédera à
   .ormation, l'interrogatoire de l'accusé, le récole-
   .ent des témoins et leur confrontation audit accusé, le
tout en suivant les formalités prescrites par l'ordonnance criminelle du mois d'août 1670, et de manière
que la procédure soit parfaite en deux fois vingt-quatre
heures au plus, à moins qu'il n'y ait des raisons essentielles qui exigent d'y employer un plus long temps.

8. Lorsque, pour l'instruction du procès, le major de la place ou du quartier aura besoin de la déposition de quelque témoin qui ne sera pas sujet à la justice militaire, il s'adressera aux magistrats du lieu,
pour ordonner auxdits témoins de se rendre, à cet effet, devant lui à une heure marquée, et les magistrats
ne pourront refuser ledit ordre.

9. Le procès étant en état, le major de la place en
rendra compte au commandant de la place, qui ordonnera sans délai la tenue du conseil de guerre.

10. Le conseil de guerre ne se tiendra que les jours
ouvrables, hors les cas extraordinaires qui ne permettront pas de le différer.

11. Les officiers qui devront composer le conseil de

guerre, seront commandés à tour de rôle à l'ordre, par le major, la veille du jour qu'il devra se tenir, et aucun d'eux ne pourra se dispenser de s'y trouver et d'y opiner.

12. Ils seront au nombre de sept y compris le président.

13. Quand il n'y aura pas assez d'officiers d'infanterie dans une garnison pour juger un soldat, on aura recours aux officiers de cavalerie et de dragons de la même garnison ; et réciproquement lorsqu'il s'agira du jugement d'un cavalier ou dragon, s'il n'y a pas dans la garnison suffisamment d'officiers de ces deux corps, on y appellera des officiers d'infanterie de la garnison.

14. Si en rassemblant tous les officiers de la garnison de ces différens corps, il ne s'en trouvoit pas le nombre requis pour tenir le conseil de guerre, le commandant de la place y suppléera en appelant les officiers, soit d'infanterie, soit de cavalerie ou de dragons, des garnisons voisines, lesquels, sous aucun prétexte, ne pourront se dispenser de s'y rendre.

15. Les officiers de la garnison où se tiendra le conseil de guerre, ne pourront faire difficulté d'admettre les officiers des places voisines qui auront été ainsi appelés, ni prétendre avec eux d'autre rang que celui qui est réglé pour l'infanterie, par ancienneté de corps, et pour la cavalerie et les dragons, par ancienneté de commissions ou brevets ; les officiers de cavalerie devant avoir la préséance sur ceux de dragons.

16. Lorsqu'un capitaine de la garnison où le conseil de guerre se tiendra, commandera dans la place, il aura la préséance sur ceux qui se rendront dans ladite place, quoique d'un corps plus ancien.

17. Au défaut d'officiers dans les places et les garnisons voisines, pour juger les soldats, cavaliers et dragons, on admettra au conseil de guerre des fourriers, sergens et maréchaux-des-logis de la garnison jusqu'au nombre nécessaire.

18. Tous ceux qui devront composer le conseil de guerre se rendront chez le commandant de la place, qui devra présider audit conseil de guerre à l'heure de

la matinée qui leur aura été prescrite, et ils iront avec lui entendre la messe, qui sera dite avant la tenue du conseil de guerre.

19. Lesdits officiers seront à jeûn; ceux d'infanterie seront en guêtres, et porteront leur hausse-col; ceux de cavalerie et de dragons seront en bottes.

20. Au retour de la messe le président s'étant assis, les autres juges prendront leur place alternativement à sa droite et à sa gauche, ceux d'infanterie se placeront suivant leur grade et l'ancienneté des régimens dont ils seront, de manière que les capitaines du second régiment ne prennent rang qu'après que ceux du premier seront placés, et ainsi des lieutenans.

21. À l'égard des officiers de cavalerie et de dragons, ils se placeront de même alternativement à droite et à gauche du président, suivant leur grade, et prendront séance entre eux, suivant l'ancienneté de leurs commissions ou brevets, conformément à ce qui est prescrit par l'art. 15.

22. Les officiers de cavalerie appelés à un conseil de guerre d'infanterie, et ceux d'infanterie appelés à un conseil de guerre de cavalerie, prendront séance à la gauche du président; et, en ce cas, les officiers du corps dont sera l'accusé, se rangeront successivement à droite du président.

23. Le commissaire des guerres ayant la police de la troupe dont sera l'accusé, ou dans le département duquel le conseil de guerre se tiendra, y assistera, s'il le juge à propos; en ce cas, il aura la seconde place, et représentera aux juges les ordonnances relatives au délit dont il sera question.

24. Le major de la place s'assiéra près de la table, vis-à-vis le président, et apportera les ordonnances militaires et les informations.

25. Tous les officiers de la garnison, de quelque corps qu'ils soient, pourront être présens au conseil de guerre, et ils s'y tiendront debout, chapeau bas et en silence.

26. Les juges étant assis et couverts, après que le président aura dit le sujet pour lequel le conseil de

guerre sera assemblé, le major de la place fera lecture de la requête contenant plainte, des informations, du récolement et de la confrontation dés témoins, et de ses conclusions, qu'il sera tenu de signer.

Le major se tiendra couvert comme les autres juges, pendant le rapport du procès, et ne se découvrira que lorsqu'il donnera ses conclusions.

27. L'accusé ayant été conduit au conseil de guerre par une escorte de dix hommes de son régiment, aux ordres d'un sous-officier, aussitôt après la visite et la lecture entière du procès, le président ordonnera qu'il soit amené devant l'assemblée, où il le fera asseoir sur la sellette, si les conclusions sont à peines afflictives; sinon il y comparoîtra debout.

28. Le président, après lui avoir fait prêter serment de dire la vérité, procédera à son dernier interrogatoire, chaque juge pourra l'interroger à son tour, et il sera reconduit en prison dans le même ordre, quand les interrogatoires seront finis.

29. L'accusé étant sorti, le président prendra les voix pour le jugement de l'accusé.

30. Le dernier juge opinera le premier, et ainsi de suite en remontant jusqu'au président, qui opinera le dernier.

31. Dans le conseil de guerre mêlé d'officiers d'infanterie, de cavalerie et de dragons, les officiers de cavalerie et de dragons opineront les premiers, s'il s'agit de juger un fantassin, et ce seront les officiers d'infanterie, s'il s'agit de juger un cavalier ou un dragon.

32. Celui qui opinera, ôtera son chapeau, et dira à voix haute, que trouvant l'accusé convaincu, il le condamne à telle peine ordonnée pour tel crime, ou que le jugeant innocent, il le renvoie absous, ou si l'affaire lui paroît douteuse, faute de preuves, qu'il conclut à un plus ample informé, l'accusé restant en prison.

33. A mesure que chaque juge donnera son avis, il l'écrira au bas des conclusions du major, et le signera. •

34. L'avis le plus doux prévaudra dans les jugemens, si le plus sévère ne l'emporte de deux voix, et l'avis

du président ne sera compté que pour une voix, comme celui des autres juges.

35. L'accusé étant jugé, le major de la place fera dresser la sentence suivant les modèles imprimés qui ont été envoyés à tous les corps; tous les juges signeront au bas, quand bien même ils auroient été d'avis différens de celui qui aura prévalu, et il en sera envoyé une expédition au secrétaire d'état ayant le département de la guerre, et au commandant de la province.

36. Le major de la place ira ensuite à la prison, avec celui qui lui servira de greffier; et si l'accusé est renvoyé absous, il le fera mettre en liberté aussitôt que son jugement lui aura été prononcé.

37. Si l'accusé est condamné à mort ou à une peine corporelle, le major de la place le fera mettre à genoux pendant que le greffier lui lira sa sentence; dans le premier cas, on lui donnera aussitôt un confesseur, et il sera exécuté dans la journée; dans le second, il restera en prison jusqu'au moment de l'exécution.

38. Défend Sa Majesté aux officiers-généraux ou aux commandans des places, d'ordonner ni souffrir, sous tel prétexte que ce puisse être, qu'il soit sursis à l'exécution d'un jugement du conseil de guerre, sans un ordre exprès de Sa Majesté.

39. Dans les cas néanmoins où des soldats invalides seront prévenus de quelque crime ou délit militaire, toute la procédure sera instruite sous l'autorité du conseil de guerre, et conduite jusqu'à jugement définitif, exclusivement: l'intention de Sa Majesté étant qu'il soit sursis audit jugement, en attendant que sur le compte qui lui en sera rendu, il en soit par elle ordonné; bien entendu que cette surséance n'aura lieu que pour les crimes qui exigeront une punition capitale.

40. Le commandant de la place pourra, s'il le juge à propos, faire prendre les armes à toute la garnison, pour assister aux exécutions, ou seulement au régiment dont sera le coupable, et à des détachemens des autres corps, lesquels détachemens se placeront aux exécutions à la gauche du régiment dont sera le criminel, quand même ce régiment seroit le moins ancien.

41. Le criminel sera amené sur le lieu de l'exécution, par un détachement d'un lieutenant et vingt grenadiers, et lorsqu'il y arrivera, les troupes seront sous les armes, les tambours battant *aux champs*, les trompettes sonnant *la marche*, et il sera publié à la tête de chaque troupe un ban portant défense, sous peine de la vie, de crier *grace*.

42. Le criminel étant arrivé au centre des troupes, on le fera mettre à genoux, on lui lira sa sentence à haute voix, et s'il doit être remis entre les mains de l'exécuteur, on le dégradera des armes, après quoi on le conduira au lieu du supplice.

43. Celui qui aura été condamné à être pendu, sera passé par les armes; au défaut d'exécuteur, et en ce cas il en sera fait mention au bas de la sentence.

44. L'exécution étant faite, les troupes défileront devant le mort, le régiment dont sera l'exécuté marchant avant les détachemens des autres régimens.

TITRE XXVII.

Des honneurs militaires.

ART. 1er. Lorsque le saint-sacrement passera à la vue d'une garde ou d'un autre poste d'infanterie, les officiers, sous-officiers et soldats du poste prendront les armes, les présenteront, mettront le genou droit en terre, ôteront leur chapeau et le placeront sur le genou gauche, et les tambours battront *aux champs*.

2. Si le saint-sacrement passe devant une troupe d'infanterie placée sous les armes, elle présentera de même les armes et mettra le genou droit en terre, le chapeau sur le genou gauche, les officiers salueront du drapeau et du fusil, et mettront ensuite le genou en terre et le chapeau bas; les sentinelles en useront de même.

Il sera fourni du premier poste devant lequel passera le saint-sacrement, deux ou quatre fusiliers pour son escorte ; ces fusiliers seront relevés de poste en poste et marcheront près du saint-sacrement, couverts.

3. Toute troupe de cavalerie ou de dragons, étant à cheval, mettra le sabre à la main, le chapeau ou le casque sur la crosse du pistolet, les officiers et étendards ou guidons salueront, si la troupe est à pied ; les cavaliers ou dragons présenteront le mousqueton ou les armes, et mettront le genou en terre, le chapeau ou le casque sur le genou gauche, les trompettes et tambours sonneront et battront *la marche.*

4. Si la troupe, soit d'infanterie on de cavalerie, étoit en marche, elle feroit *halte,* pour rendre les honneurs prescrits ci-dessus.

5. Aux processions du saint-sacrement, s'il y a assez d'infanterie dans la place, elle bordera la haie de chaque côté des rues où la procession devra passer, le poste d'honneur sera à la droite de la porte de l'église par laquelle la procession sortira ; le plus ancien régiment de la garnison prendra la droite, le second prendra la gauche ; les autres régimens se formeront ensuite alternativement à droite et à gauche.

Toute la cavalerie sera en bataille sur les places les plus commodes.

6. La première compagnie de grenadiers de chacun des deux premiers régimens de la garnison marchera sur deux files, des deux côtés du dais, c'est-à-dire celle du plus ancien régiment à la droite, et l'autre à la gauche, les officiers étant à la tête desdites compagnies sans prétendre de place à la suite du dais. Les grenadiers qui marcheront aux deux côtés du dais, seront couverts.

7. Lorsqu'il n'y aura que de la cavalerie dans la place, il en sera détaché un certain nombre de carabiniers, plus ou moins considérable, suivant la force de la troupe, avec un nombre d'officiers et de sous-officiers, à proportion, pour escorter à pied le saint-sacrement, en marchant sur une file de chaque côté du dais : ce détachement portera alors le mousqueton et sera couvert ; l'officier qui le commandera marchera à la tête de sa troupe.

8. Lorsque Sa Majesté devra entrer dans une place ou lieu où il y aura des troupes, toute l'infanterie prendra les armes, bordera la haie des deux côtés de la rue par où Sa Majesté devra passer, et présentera les armes; les officiers salueront du fusil et du drapeau, et les tambours battront *aux champs.*

Toute la cavalerie ira au-devant de Sa Majesté jusqu'au lieu qui lui sera indiqué par le commandant de la place, les officiers salueront du sabre et de l'étendard, les timbales et trompettes battront et sonneront *la marche.*

9. On regardera comme le poste d'honneur, le côté qui sera à droite en sortant du logis de Sa Majesté; mais si elle ne loge pas dans la place, et qu'elle ne fasse que la traverser, le poste d'honneur sera à la droite de la porte par laquelle Sa Majesté entrera.

10. Des officiers-généraux employés, s'il y en a dans la place, se mettront à la tête des troupes.

11. Le gouverneur, le commandant et les autres officiers de l'état-major de la place se trouveront sur le glacis en dehors de la première barrière, pour présenter les clefs à Sa Majesté.

12. Il sera fait trois salves de toute l'artillerie de la place, après que Sa Majesté aura passé les ponts.

13. Si Sa Majesté s'arrête dans la place, et que les troupes destinées à sa garde particulière ne soient pas près de sa personne, il en sera fourni une par le plus ancien des régimens français de la garnison, composée d'un bataillon, commandée par le colonel avec le drapeau blanc, laquelle garde ne pourra être relevée par aucun autre régiment que celui qui l'aura fournie.

14. Il sera mis pareillement, dans le même cas, devant le logis de Sa Majesté, un escadron de garde du plus ancien régiment de cavalerie de la garnison, commandé par le mestre-de-camp, lequel escadron fournira deux vedettes, le sabre à la main, devant la porte, et sera relevé successivement par les premiers escadrons des autres régimens de la garnison.

Lorsque Sa Majesté sortira de la place, l'infanterie bordera pareillement la haie jusqu'à la porte par laquelle elle devra sortir, et la cavalerie se trouvera sur son passage hors de la place, et dès que Sa Majesté en sera sortie, on la saluera par trois décharges de toute l'artillerie.

15. Quand les princes du sang ou les princes légitimés de France passeront par une place ou s'y arrêteront, l'infanterie sera en haie de chaque côté de la rue, présentant les armes, la cavalerie ira au-devant d'eux, les troupes les salueront, l'état-major les recevra à la barrière; on fera une décharge générale de l'artillerie de la place, et leur garde sera de cinquante hommes, commandés par un capitaine avec un lieutenant, un porte-drapeau, et un drapeau de couleur.

16. Les maréchaux de France seront reçus, l'infanterie étant pareillement en haie et présentant les armes; la cavalerie ira au-devant d'eux, ils seront salués par les troupes, l'état-major se trouvera à la barrière de la ville; on tirera pour eux douze volées de canon, et à leur arrivée ils trouveront devant leur logis une garde de cinquante hommes avec un drapeau de couleur, commandés par un capitaine, un lieutenant et un porte-drapeau.

17. Les gouverneurs et lieutenans-généraux des provinces, lorsqu'ils voudront faire leur entrée d'honneur dans les places, citadelles et châteaux de leur département, ce qu'ils ne pourront faire qu'une fois seulement ou à chaque mutation de gouverneur particulier en icelle, en donneront avis au gouverneur ou commandant de la place, pour qu'il se dispose à les recevoir.

18. Ils entreront dans la place en voiture ou à cheval, à leur option, précédés de leurs gardes, portant la carabine et la casaque de livrée, et accompagnés de leurs gentilshommes et autres de leur suite.

19. Le gouverneur ou commandant de la place se trouvera à la barrière pour les recevoir et les accompagner par-tout, jusqu'à leur sortie de la place.

20. La garnison sera en haie, portant les armes, les officiers salueront et les tambours appelleront; on tirera cinq volées de gros canon; il leur sera donné une

garde de trente hommes, commandés par un lieutenant; le tambour appellera.

21. Le commandant de la place prendra l'ordre d'eux le jour de leur arrivée et celui de. leur départ, et ils le donneront au major les autres jours.

22. Les gardes des portes et autres se mettront en haie ou en bataille sur leur passage, et à leur sortie on tirera pareillement cinq volées de gros canon. ·

23. Si les gouverneurs et lieutenans-généraux, ayant fait leur entrée d'honneur, retournent dans les places de leur gouvernement après un an et un jour d'absence, les gouverneurs et commandans des places les iront recevoir à l'entrée d'icelles, et il en sera usé pour leur garde et pour le mot comme il vient ·d'être expliqué, mais les troupes ne prendront pas les armes.

24. Lesdits gouverneurs ou lieutenans-généraux des provinces qui seront maréchaux de France ou lieutenans-généraux des armées, recevront les honneurs qui leur sont dus dans lesdites qualités.

25. Quand les gouverneurs ou lieutenans-généraux, après avoir pris l'agrément de Sa Majesté, se trouveront dans leur département, ils seront salués et reçus par les troupes, quand ils ne seroient pas officiers-généraux, de même que les lieutenans-généraux des armées commandant dans les provinces.

26. Les lieutenans·généraux des armées, commandant en chef dans une province, seront salués de cinq volées de canon, lors de leur première entrée dans les places.

27. On enverra à leur logis, après leur arrivée, une garde de cinquante hommes, sans drapeau, commandés par un capitaine; le tambour appellera.

28. Les troupes ne les salueront que la première fois qu'ils les verront, après leur arrivée dans leur commandement, et la dernière avant leur départ.

29. Ceux desdits lieutenans-généraux des armées qui commanderont sous d'autres chefs ou qui seront seulement employés par lettres de service, n'auront qu'une garde de trente hommes, commandés par un lieutenant; le tambour appellera.

30. Les gardes ou postes à pied des places ou des quartiers prendront les armes pour les lieutenans-généraux des armées qui commanderont dans les provinces, ou y seront employés par lettres de service, et les tambour desdites gardes appelleront pour eux.

31. Les gardes ou postes de cavalerie à cheval monteront à cheval, mettront le sabre à la main, et les trompettes sonneront *la marche* pour les princes du sang, les princes légitimés et les maréchaux de France; les trompettes ne sonneront que *des appels* pour les lieutenans-généraux des armées et pour les gouverneurs et lieutenans-généraux des provinces.

32. Les maréchaux-de-camp commandans en chef dans les provinces, auront trente hommes et un lieutenant ou sous-lieutenant de garde, avec un tambour qui appellera.

33. Les maréchaux-de-camp commandans en second, ou qui auront seulement des lettres de service, n'auront que quinze hommes de garde, commandés par un sergent, et le tambour qui les conduira à leur logis, n'y restera point.

34. Les gardes d'infanterie prendront et porteront les armes pour lesdits maréchaux-de-camp, commandans ou employés; mais le tambour prêt à battre ne battra point; les gardes à cheval monteront à cheval et mettront le sabre à la main; les trompettes se tiendront pareillement prêts à sonner, mais ils ne sonneront point.

35. Les gardes à cheval seront tenues de monter à cheval pour le gouverneur ou commandant de la place, mais elles ne mettront point le sabre à la main.

36. Le brigadier commandant dans une province, aura un caporal et dix hommes; et s'il n'est employé que par lettres de service, il aura seulement une sentinelle à la porte de son logis.

37. Les gardes des places prendront les armes et se reposeront dessus pour les brigadiers qui commanderont dans la province, et elles ne prendront point les armes pour les autres.

38. Les inspecteurs-généraux des troupes qui seront

7*

officiers-généraux des armées ou brigadiers, recevront, pendant le temps de leur inspection seulement, les mêmes honneurs dans les places, que s'ils y étoient employés par lettres de service dans lesdites qualités, conformément à l'article 7 du titre Ier.

39. Quand les directeurs des fortifications auront ordre de faire les visites des places de leur direction, ils y jouiront des honneurs attribués à leur grade, comme il est établi pour les inspecteurs-généraux de ses troupes par l'article 38 du présent titre, sans toutefois qu'ils puissent former la même prétention dans les places de leur résidence ordinaire, ni dans aucune autre où ils iroient ou séjourneroient hors du temps de leur tournée, pour quelque objet que ce puisse être, à moins qu'ils n'y soient autorisés par des lettres de service ou autre ordre spécial de Sa Majesté.

40. S'il se trouve en même temps dans une place plusieurs princes du sang et maréchaux de France, leurs gardes prendront respectivement les armes lorsqu'ils se visiteront, et les tambours battront *aux champs*.

Les autres gardes d'honneur ne prendront les armes que pour les princes du sang et les maréchaux de France, et pour celui qu'elles garderont.

41. Les gardes d'honneur seront fournies par le plus ancien régiment français de la garnison, et lorsqu'il y en aura plusieurs à fournir, la première sera fournie par le premier régiment, la seconde par le plus ancien après le premier, et ainsi des autres successivement.

42. Les gardes des princes du sang et des maréchaux de France seront posées devant leur logis avant leur arrivée; celles des lieutenans-généraux et autres officiers inférieurs n'y seront envoyées qu'après.

43. Les gardes d'honneur, ainsi que tout le service intérieur de la place, seront formées d'un nombre égal d'hommes pris sur toutes les compagnies du régiment.

44. Les tambours battront toujours *aux champs*, et les trompettes sonneront *la marche* pour ceux qui auront une garde avec un drapeau.

45. Dans le cas d'assemblée d'armées, où les garni-

sons ne seroient pas assez nombreuses pour fournir des
gardes aux officiers-généraux employés qui se trouveront dans la place, ou lorsque lesdits officiers-généraux
jugeront à propos de ne pas conserver leur garde en
entier, afin de ne pas fatiguer les troupes, on mettra
seulement des sentinelles à la porte de leur logis, savoir : deux sentinelles tirées des grenadiers, à la porte
d'un lieutenant-général, et deux sentinelles tirées des
fusiliers, à celle d'un maréchal-de-camp.

Le nombre d'hommes nécessaires pour fournir toutes
ces sentinelles, sera placé dans le corps-de-garde le plus
voisin du logement où ces sentinelles devront être fournies.

46. Les troupes qui passeront dans les places, ou
qui n'y séjourneront qu'un ou deux jours, ne seront
point tenues d'y fournir des gardes d'honneur.

47. Les gouverneurs particuliers, lieutenans du roi
et commandans des places ne pourront exiger qu'une
sentinelle, quand même ils seroient officiers-généraux,
à moins qu'ils n'eussent des lettres de service en cette
qualité ; mais cette sentinelle sera tirée des grenadiers
pour les gouverneurs, commandans et lieutenans de
roi, officiers-généraux ; au lieu qu'elle ne sera fournie
que par les compagnies de fusiliers pour les gouverneurs, commandans et lieutenans de roi qui ne seront
point officiers-généraux, et pour tous autres commandans inférieurs.

48. Si lesdits gouverneurs particuliers, lieutenans
de roi ou autres commandans sont officiers-généraux,
quoique sans lettres de service, les postes à portée desquels ils passeront sortiront du corps-de-garde et se reposeront sur les armes, mais sans prendre les armes,
s'ils ne sont pas officiers-généraux.

49. Il sera aussi fourni une sentinelle à la porte du
trésorier des troupes de la place, et une à l'hôpital militaire.

50. Au défaut d'infanterie dans une place, la cavalerie fournira deux sentinelles à pied à la porte d'un
lieutenant-général employé ; elle en fournira pareillement deux à la porte d'un maréchal-de-camp, et une

seulement à la porte du gouverneur ou autre commandant de la place.

51. A l'égard des honneurs et prérogatives dus aux
colonels-généraux, ainsi qu'aux mestres-de-camp-
généraux de la cavalerie et des dragons, et au com-
missaire-général de la cavalerie, l'intention de Sa Majesté est que toutes les troupes se conforment à l'usage
suivi, jusqu'à ce qu'elle ait fixé définitivement par une
ordonnance particulière les droits, honneurs et prérogatives qui doivent être attribués à leurs charges.

52. Lorsque des ambassadeurs des couronnes étrangères entreront dans une place, en se rendant à la cour,
on tirera pour eux douze volées de canon; on leur donnera une garde de cinquante hommes avec un drapeau
de couleur, et on tirera pareillement à leur sortie douze
volées de canon.

53. On rendra les mêmes honneurs aux ambassadeurs de S. M. allant dans les cours étrangères; mais
on ne les leur rendra que dans la dernière place de la
frontière, lorsqu'ils sortiront du royaume pour se
rendre dans lesdites cours, et lorsqu'ils y rentreront
après avoir fini le temps de leur ambassade, et on ne
leur rendra aucuns honneurs dans les autres places.

54. Les troupes ne fourniront dans aucun cas des
sentinelles d'honneur, que celles ci-dessus nommées.

Défendant Sa Majesté à tout officier d'exiger qu'on
lui rende d'autres honneurs que ceux qui viennent
d'être attribués à son grade; et à toutes les troupes,
d'en rendre à qui que ce soit au-delà de ce qui est
prescrit ci-dessus.

TITRE XXVIII.

Des honneurs funèbres.

ART. 1er. Lorsqu'un maréchal de France mourra dans
une place, on tirera un coup de demi-heure en demi-
heure, depuis sa mort jusqu'au départ de son convoi.

L'infanterie de la garnison prendra les armes ; la cavalerie montera à cheval, et le tout marchera à la tête du canon.

Quand le corps sera mis en terre ou déposé, on tirera trois décharges de douze pièces de canon chacune, et autant de salves de la mousqueterie des troupes, comme il sera expliqué ci-après.

2. Pour le convoi d'un gouverneur ou lieutenant-général de province, ou pour celui d'un lieutenant-général des armées, commandant dans une province, toute l'infanterie de la garnison marchera pareillement, toute la cavalerie montera aussi à cheval, et il sera fait trois décharges de cinq pièces de canon.

3. Pour le convoi d'un maréchal-de-camp commandant dans une province, on rendra les mêmes honneurs que pour celui d'un lieutenant-général, à la réserve qu'il ne sera point tiré de canon.

4. Pour le convoi d'un lieutenant-général employé, la moitié de la garnison, tant d'infanterie que de cavalerie, prendra les armes ; et pour celui d'un maréchal-de-camp aussi employé, le tiers de la garnison seulement.

5. On rendra les mêmes honneurs à tous les officiers-généraux non employés.

6. Au convoi d'un brigadier employé, on fera marcher un détachement d'un capitaine et cinquante hommes de chacune des troupes d'infanterie, de cavalerie ou de dragons de la garnison, suivant l'espèce desdites troupes dans laquelle servoit le défunt ; et s'il est colonel ou mestre-de-camp, son régiment marchera en entier, indépendamment desdits détachemens.

7. Tous les détachemens commandés pour rendre des honneurs funèbres, seront formés indistinctement sur toutes les compagnies, ainsi que les gardes de l'intérieur de la place.

8. Pour le gouverneur de la place, toute la garnison prendra les armes, et marchera à son convoi, avec les drapeaux.

9. Pour les lieutenans de roi ou autre commandant

particulier de la place, la moitié de la garnison prendra les armes, sans drapeau.

10. Pour le major de la place, lorsqu'il ne commandera pas, il y aura deux détachemens d'infanterie, d'un capitaine et cinquante hommes chacun, et s'il n'y a pas d'infanterie dans la place, il y marchera deux détachemens de même force, de cavalerie ou de dragons à pied.

11. Il y aura un capitaine et cinquante hommes pour un aide-major, et un lieutenant ou sous-lieutenant et trente hommes pour un sous-aide-major.

12. Il y aura un capitaine et cinquante hommes d'infanterie pour un commissaire des guerres, et un détachement de même force de cavalerie ou de dragons, s'il n'y a pas d'infanterie.

13. Pour un colonel ou un mestre-de-camp, un colonel-commandant ou un mestre-de-camp-commandant qui sera dans la place avec son régiment, le régiment marchera en corps au convoi; celui de cavalerie ou de dragons marchera à pied.

14. Pour les colonels ou mestres-de-camp en pied, qui ne seront point avec leur corps, ou ceux qui n'auront que des réformes ou des commissions, on commandera quatre détachemens d'infanterie d'un capitaine et cinquante hommes chacun, pour les colonels, et quatre détachemens de même force, de cavalerie ou de dragons pour les mestres-de-camp; bien entendu que s'il n'y a point d'infanterie dans la place, la cavalerie ou les dragons fourniront les détachemens pour le convoi d'un colonel; l'infanterie les fournira de même pour un mestre-de-camp, s'il n'y a point de cavalerie dans la place.

15. Pour un lieutenant-colonel en pied, il y aura la moitié du régiment, par détachement, sans drapeau.

16. Pour un lieutenant-colonel dont le régiment ne sera pas présent ou qui sera réformé ou par commission, on commandera trois détachemens d'un capitaine et cinquante hommes, chacun de la garnison, sans drapeau.

17. Pour un major, on commandera deux détache-

mens d'un capitaine et cinquante hommes chacun.

Pour un capitaine, un capitaine et cinquante hommes.

Pour un lieutenant ou sous-lieutenant, un lieutenant ou sous-lieutenant et trente hommes.

Pour un quartier-maître, un porte-drapeau, porte-étendard ou porte-guidon, un sous-lieutenant et vingt hommes.

Pour un fourrier, sergent ou maréchal-des-logis, on commandera un sergent ou maréchal-des-logis avec quinze hommes.

Pour un caporal ou brigadier, on commandera un caporal ou brigadier avec huit hommes, le tout du régiment dont sera le défunt.

18. Tous les détachemens qui marcheront pour rendre les honneurs funèbres, seront commandés par des officiers ou sous-officiers de même grade que celui pour lequel ils seront, ou, à leur défaut, par ceux du grade inférieur.

19. Il en sera de même des officiers qui devront porter les quatre coins du poêle.

Au convoi des quartiers maîtres, porte-drapeaux, porte-étendards ou porte-guidons, le poêle sera porté, au défaut des officiers de ce grade, par des sous-lieutenans.

20. Les officiers et les soldats, cavaliers ou dragons, passeront la platine sous le bras gauche.

21. Les troupes qui seront commandées feront trois décharges de leurs armes, savoir, la première, lorsque le corps entrera dans l'église; la seconde, quand on le mettra en terre, et la troisième, après l'enterrement, en défilant devant la porte de l'église ou devant la fosse, s'il est enterré dehors.

La poudre nécessaire sera tirée des magasins du roi, sur l'ordre du commandant de la place, à raison de soixante coups par livre de poudre.

22. Il sera mis des crêpes aux drapeaux, étendards ou guidons qui marcheront aux convois; les timbales et tambours seront couverts de serge noire, et il sera mis des sourdines et des crêpes aux trompettes.

23. Les crêpes resteront aux drapeaux, étendards ou

7**

guidons, à la mort d'un colonel ou mestre-de-camp, jusqu'à ce qu'il ait été remplacé.

TITRE XXIX.

Des scellés et inventaires des officiers des états-majors des places et autres.

ART. 1ᵉʳ. Les majors des places, et les aides-majors, en leur absence, auront droit d'apposer le scellé sur les effets des officiers-généraux employés par lettres de service, sur ceux des officiers d'infanterie, de cavalerie et de dragons, aumôniers et chirurgiens-majors des régimens qui décéderont dans leur place, et d'en faire l'inventaire, si ces officiers y sont tombés malades leur troupe y passant ou y étant en garnison; ils en useront de même pour les effets des officiers d'artillerie et des ingénieurs, soit qu'ils servent dans lesdites places par semestre ou par extraordinaire, ou qu'ils y soient en résidence fixe.

2. Entend Sa Majesté que les papiers concernant les fortifications, qui se trouveront chez un ingénieur décédé, soit qu'il soit en résidence ou non, soient remis aussitôt par inventaire, dont il sera envoyé une copie au secrétaire d'état ayant le département de la guerre, entre les mains de l'ingénieur principal résidant dans la place, lequel pour cet effet sera tenu d'être présent à l'apposition et à la levée du scellé; et s'il n'y avoit point d'ingénieur dans la place, le major fera mettre lesdits papiers dans un lieu particulier, et il y apposera le scellé, la levée duquel ne se fera qu'en présence du directeur des fortifications du département, ou de l'ingénieur envoyé par lui, et muni de son ordre par écrit pour les retirer.

3. Les commissaires des guerres et du corps royal auront droit, à l'exclusion de tous autres, d'apposer le scellé sur les effets des employés d'artillerie qui décéderont dans une place, et de faire vendre les effets

de ceux desdits employés qui ne laisseront point d'héritiers à portée d'en prendre possession.

4. A l'égard de tous les autres officiers militaires qui seront employés en résidence fixe dans les places, ou qui s'y trouveront sans leur troupe ou sans emploi, le droit en appartiendra aux juges des lieux qui ont la connoissance des causes des nobles.

5. L'officier-major de la place ne pourra faire vendre les effets des successions qu'il aura inventoriés, si cette vente n'est nécessaire pour l'acquit des dettes que le défunt auroit contractées dans la garnison, et pour le paiement des frais funéraires, ou s'il n'en est requis par les héritiers; en ce cas, il pourra retenir le sou pour livre sur le produit de la vente.

6. Il remettra lesdits effets ou ce qui restera du produit de la vente, lesdites dettes acquittées, à celui ou ceux qui justifieront être les héritiers du défunt, en retirant d'eux une décharge valable; et en cas de contestation, il déposera lesdits effets ou argent au greffe de la justice des lieux, pour les délivrer à qui il appartiendra.

7. Lors de la levée des scellés qui auront été mis par les juges des lieux, sur les effets de la succession des officiers militaires en résidence, ils seront tenus d'y appeler le major de la place, ou un aide-major en son absence, pour en retirer les papiers qui concerneront le service du roi, et les remettre au successeur du défunt dans son emploi, ou les envoyer au secrétaire d'état ayant le département de la guerre, si le défunt n'étoit pas dans le cas d'être remplacé.

8. L'épée que portoit ordinairement l'officier défunt sera mise sur son cercueil lors de son enterrement, et le major de la place, ou, à son défaut, l'aide-major qui le remplacera dans ses fonctions, la retiendra comme un honoraire, en considération du soin qu'il aura pris de faire rendre les honneurs militaires au convoi.

9. Si le prix de cette épée étoit nécessaire pour l'acquit des dettes du défunt, elle y seroit employée par préférence.

Si le défunt en avoit disposé authentiquement avant sa mort, celui en faveur duquel il en auroit disposé en mettroit à la place une autre du même métal.

TITRE XXX.

Des milices bourgeoises.

Art. 1es. Les milices bourgeoises ne pourront s'assembler dans les villes qu'après en avoir obtenu la permission du commandant de la place.

2. Dès qu'elles seront sous les armes et employées au service de la place, elles reconnoîtront l'autorité dudit commandant et des autres officiers de l'état-major de la place, et elles seront sujettes à la justice militaire dans tous les cas et pour tous les delits militaires que les officiers et soldats desdites milices pourront commettre, étant en faction, de garde, de détachement, de ronde, de patrouille, et en général dans l'exécution de tous les ordres émanés du commandant.

3. Dans tous les autres cas, lesdits officiers et soldats de milices bourgeoises, même étant de garde, seront justiciables des juges royaux.

4. Les commandans des places dont la garde sera confiée auxdites milices, au défaut d'autres troupes, demanderont au commandant desdites milices le nombre d'officiers et de fusiliers dont ils auront besoin; mais ils ne pourront s'ingérer dans le détail des habitans qui devront marcher, ni dans celui des exemptions prétendues; toutes les difficultés qui s'élèveront à cet égard devant être portées à la décision de l'intendant de la généralité.

TITRE XXXI.

Des troupes qui passeront dans les places.

ART. 1er. Les régimens d'infanterie, de cavalerie, de dragons ou autres troupes, qui logeront ou séjourneront dans les places ou quartiers pendant leur route, ou même qui ne feront qu'y passer, observeront, à leur entrée dans lesdits places, les règles établies par le titre III, pour les troupes qui doivent y tenir garnison; mais elles se rendront ensuite en droiture à leurs quartiers on logemens sans être obligées d'aller se mettre en bataille sur la place d'armes.

2. Le commandant de la place se trouvera sur leur passage pour les voir défiler.

3. En arrivant à leur quartier le commissaire des guerres publiera les bans ordonnés : le major ou l'aide-major de la place qui les aura conduites, y donnera l'ordre, et leur indiquera le lieu où elles devront se porter en cas d'alarme.

4. Lesdites troupes ne contribueront à la garde de la police que dans les cas de nécessité ; elles établiront seulement des gardes particulières de police à leur logement et à leurs équipages, et elles fourniront une sentinelle à leurs caisses, drapeaux, étendards ou guidons; les petites gardes destinées à fournir ces sentinelles, seront à cet effet reçues dans le corps-de-garde le plus voisin.

5. Lorsque lesdites troupes séjourneront dans la place, elles seront tenues d'envoyer à l'ordre général, sur la place d'armes, comme si elles étoient en garnison dans la place.

6. Lesdites troupes enverront de même leurs tambours ou trompettes sur la place d'armes pour y battre ou sonner *la retraite* avec ceux de la garnison; mais le jour de leur arrivée, lesdits tambours ou trompettes battront ou sonneront *la retraite* à la même heure, seulement dans leurs quartiers et aux environs.

TITRE XXXII.

Du départ des troupes d'une place.

Art. 1er. Lorsqu'un régiment d'infanterie, de cavalerie ou de dragons recevra ordre de partir d'une place, le commandant de ce corps fera tout disposer pour l'exécution de cet ordre ; et, à cet effet, il fera arrêter et solder tous les comptes du régiment avec les maréchaux, selliers, fournisseurs, ouvriers ou autres marchands.

2. Il fera examiner avec soin en quel état sera la chaussure de chaque compagnie, afin de faire délivrer, à compte de la fourniture de l'année, des souliers aux soldats qui en auront besoin pour faire la route.

3. Il fera pareillement examiner les malades qui seront à l'hôpital du lieu, par les médecin, chirurgien-major ou aide-major de l'hôpital et par celui du régiment ; et ceux-ci donneront un état signé d'eux, des soldats, cavaliers ou dragons qui ne seront pas en état de suivre le régiment.

4. Le commandant d'un régiment de cavalerie ou de dragons ordonnera de plus, dans chaque compagnie, le remplacement ou le relevé des vieux fers, et l'approvisionnement de fers neufs pour la route.

5. Il fera examiner par un maréchal les chevaux qui seront malades, afin de n'en laisser en arrière que le moins qu'il sera possible ; si cependant il s'en trouve un certain nombre, il laissera avec eux le nombre de cavaliers ou de dragons nécessaires pour en prendre soin, aux ordres d'un officier ou sous-officier.

6. Le commandant de la troupe ordonnera au major de faire rassembler tout ce qui se trouvera d'harnachement, d'équipement et d'habillement excédant l'effectif de chaque compagnie, afin de faire transporter ces effets pendant la route.

7. A l'égard des armes excédantes le major les fera déposer au magasin d'artillerie, et retirera du garde-

magasin un reçu qui constatera le nombre et la qualité des armes qu'il y aura déposées, afin qu'à l'arrivée du régiment à sa nouvelle garnison, on lui en rende les mêmes quantité et qualité.

8. S'il y a d'autres troupes dans la place, celle qui devra en partir ne fournira point de garde pour le service de la place, la veille de son départ.

9. Le jour fixé pour le départ d'une troupe, si elle est seule dans la place, les tambours et trompettes battront *la générale* ou sonneront *le boute-selle*; s'il y a d'autres troupes dans la place, ils battront ou sonneront *le premier*; ensuite de *la générale* ou du *premier*, les tambours ou trompettes battront ou sonneront *l'assemblée* ou *le boute-charge*, puis *le drapeau*, et *à cheval*.

10. Il ne sera jamais laissé plus de deux heures d'intervalle de *la générale* au *drapeau*, et *du boute-selle* à *cheval*.

11. Les commandans des troupes qui marcheront dans le royaume, régleront toujours l'heure du départ selon les saisons et la longueur des journées, de manière à éviter le plus de fatigue qu'il sera possible aux hommes et aux chevaux.

12. A *la générale* ou *au premier*, un aide-major partira avec tous les fourriers pour aller préparer le nouveau logement.

13. Les convalescens ou autres soldats du régiment qui ne seront pas en état de marcher avec leur compagnie, s'assembleront à *la générale* et se mettront en marche sous les ordres des officiers et sous-officiers commandés relativement à leur nombre, pour se rendre en ordre au nouveau logement.

Ces officiers et sous-officiers en prendront l'état par noms d'homme et de compagnie, afin d'en faire l'appel en route; ils observeront de plus de les mener doucement et de les laisser reposer de temps en temps.

14. Dans les régimens de cavalerie ou de dragons, les convalescens et les chevaux éclopés seront rassemblés et conduits dans le même ordre et avec les mêmes précautions; les officiers et sous-officiers qui les com-

manderont observeront de plus de ne pas laisser monter les chevaux éclopés.

15. A l'*assemblée*, toutes les compagnies sortiront de leurs casernes ou logemens avec armes et bagages, pour, dans le premier cas, se former devant lesdites casernes, et dans le second, se porter au rendez-vous indiqué pour l'assemblée du régiment.

16. Tous les officiers, tant supérieurs que particuliers du régiment, se rendront, à l'*assemblée*, au quartier ou logement de leur régiment.

17. Pendant que le régiment se mettra en bataille, le major de la place ira avec le commissaire des guerres, un ingénieur et le quartier-maître du régiment, visiter les pavillons et casernes qu'il occupoit, et faire la vérification du procès-verbal dressé lors de l'arrivée du régiment, conformément à l'article 8 du titre III.

18. S'il a été commis quelque dégradation de la part du régiment, le major en rendra compte au commandant de la place; l'ingénieur ordinaire à l'ingénieur en chef, et le commissaire des guerres en dressera le procès-verbal avec un état estimatif signé de lui et de l'ingénieur, qu'il enverra sur-le-champ à l'intendant de la province et au secrétaire d'état ayant le département de la guerre, et le commissaire des guerres ordonnera la retenue du montant des réparations sur les officiers de la compagnie qui occupoit les chambres où se seront commises les dégradations.

19. Les fournitures, meubles et ustensibles qui auront été délivrés aux troupes seront rendus exactement aux garde magasins, entrepreneurs ou hôtes qui les auront fournis, et lesdites troupes seront tenues de tirer les reçus qu'elles en auront faits en arrivant, et de payer ou réparer avant leur départ tout ce qui se trouvera avoir été perdu ou détruit; faute de ce, les commissaires des guerres, et en leur absence les majors des places, dresseront des procès-verbaux portant estimation d'experts, les enverront sur-le-champ à l'intendant de la province et au secrétaire d'état ayant le département de la guerre, et ordonneront la retenue du montant desdites estimations sur les officiers qui, par

eux, leurs valets ou leurs compagnies, auront occasionné le dégât.

20. Lorsque le quartier-maître aura mis en règle tout ce qui a rapport aux logemens et fournitures du régiment, et retiré ses reçus, il rejoindra le logement pour asseoir, s'il en est temps encore, l'établissement du régiment dans le lieu où il devra coucher.

Ledit établissement sera fait, à son défaut, par l'aide-major qui, conformément à l'article 12, sera parti avec les fourriers du régiment.

A l'égard des autres jours de marche, le quartier-maître partira avec lesdits fourriers pour asseoir le logement, conformément à l'article 1 du titre III.

21. Tous les habitans qui auront à porter plainte contre des officiers, sous-officiers, soldats, cavaliers ou dragons du régiment, seront obligés de la porter, une heure avant le départ dudit régiment, aux officiers municipaux, qui se tiendront à cet effet pour la recevoir à l'hôtel-de-ville ou autre lieu désigné; et le commissaire des guerres s'y trouvera aussi pour vérifier et constater lesdites plaintes.

22. Alors, sur les demandes du commissaire des guerres, le commandant du régiment sera obligé de faire faire sur-le-champ les réparations, et en cas de refus de justice de sa part, le commandant de la place ordonnera qu'elle soit faite sur-le-champ.

23. Les bourgeois ou habitans qui seront contrevenus à la défense portée par l'article 9 du titre XIX, de faire crédit aux sous-officiers, soldats, cavaliers ou dragons, ne seront reçus à aucune plainte à ce sujet, qu'ils ne soient porteurs des billets du major du régiment ou du capitaine de la compagnie.

24. Les officiers contre lesquels il sera porté des plaintes pour dettes, et qui n'y satisferont pas sur-le-champ, seront mis en prison et y resteront jusqu'à ce qu'ils aient entièrement acquitté lesdites dettes.

Il en sera de plus rendu compte par le commadant de la place au commandant de la province.

25. Lorsque des officiers seront laissés en prison pour dettes, le commandant de la place prendra connois-

sance de la nature desdites dettes ; et si dans le nombre
il s'en trouve d'usuraires ou de déraisounables, les
créanciers envers lesquels elles auront été contractées
seront condamnés, sur les ordres de l'intendant de la
province, à trois cents livres d'amende applicable à
l'hôpital du lieu.

26. La troupe étant en bataille, il en sera fait l'appel,
et on enverra chercher les drapeaux, les étendards ou
guidons dans l'ordre prescrit par les ordonnances de
l'exercice.

27. Le régiment se rompra ensuite pour se mettre
en marche, traversant la ville dans l'ordre et suivant
les règles prescrites aux articles 13 et 14 du titre III.

28. Une demi-heure après le départ du régiment, les
habitans ou bourgeois ne pourront plus porter aucune
plainte contre ledit régiment ; et si pendant ce temps
il n'y en a aucune de portée, les magistrats ne pourront
refuser un certificat de *bien-vivre* à l'officier-major du
régiment qui sera resté à cet effet.

29. Lorque le régiment sera à deux cents pas de la
place, en dehors du glacis ou de la première barrière,
le commandant lui fera faire *halte*, et ordonnera un
second appel ; et s'il manque des soldats, cavaliers ou
dragons, restés derrière sans permission, il enverra
des officiers de la compagnie dont ils seront pour en
faire la recherche.

30. L'arrière-garde dudit régiment ne sortira de la
place qu'une demi-heure après le départ du régiment,
et elle visitera auparavant les logemens et les cabarets
pour ramener avec elle les soldats, cavaliers ou dragons qui seront restés derrière.

31. Si, après le départ de l'arrière garde, il se trouve
encore dans la place quelques soldats, cavaliers ou dragons, les officiers-majors de la place les feront arrêter
et remettre à la maréchaussée, pour les conduire à leur
régiment.

32. La maréchaussée, s'il s'en trouve dans la place,
enverra deux cavaliers de la brigade jusqu'à deux ou
trois lieues, pour arrêter les soldats, cavaliers ou dragons qui s'écarteront du chemin que tiendra le régi-

ient, et les conduire audit régiment ; et les journées
esdits cavaliers leur seront payées à raison de trois
vres chacun, aux dépens des officiers des compagnies
esquelles seront les soldats, cavaliers ou dragons.

TITRE XXXIII.

Des quartiers et villes ouvertes.

Art. 1er. Lorsque des troupes d'infanterie, de ca-
alerie, de dragons, de hussards et de troupes légères
e trouveront en quartier dans une ville ou autre lieu
ù il n'y aura point d'état-major, l'officier supérieur
n grade de toutes lesdites troupes y remplira les fonc-
ions de commandant de la place ; le plus ancien major
elle de major, et les deux premiers aides-majors celles
d'aides-majors.

2. S'il se trouve en même temps de l'infanterie dans
e même quartier, le commandement appartiendra à
'officier supérieur en grade de l'infanterie ou de la
avalerie, et à grade égal, si le lieu est fermé d'une
nceinte, mur ou fossé, à l'officier d'infanterie ; et s'il
st ouvert, à l'officier de cavalerie ; dans l'un ou l'autre
as, les fonctions de major ou d'aide-major de la place
y seront toujours remplies par des officiers d'infan-
erie.

3. Lorsque plusieurs régimens se rencontreront dans
in même lieu de passage, il en sera usé, pendant le
éjour qu'ils y feront, comme il est prescrit par les
leux articles précédens.

4. Les officiers qui rempliront dans les quartiers les
onctions des états-majors de places, ne pourront, sous
e prétexte, s'arroger aucuns droits, prérogatives ni
utorité quelconques sur les habitans.

5. Ils n'établiront pareillement, sous le prétexte de
a comparaison du service des états-majors des places
le guerre au leur, aucune règle de police pour les ha-
itans ; devant laisser ce soin aux juges de police des
ieux, ou aux officiers municipaux à leur défaut.

6. Ils se borneront à y faire servir les troupes dans le même ordre et dans la même règle que dans les places de guerre, à y veiller à la discipline et subordination, et le commandant en rendra compte à l'officier-général dans le district duquel leurs quartiers seront situés.

7. Lorsque le major d'un quartier en partira pour suivre son régiment, il remettra au major qui le relèvera le registre des postes et du service journalier; mais s'il ne doit être relevé par personne, il laissera ledit registre au maire ou autre officier municipal dudit quartier, qui sera tenu de le remettre au major du premier régiment qui viendra par la suite s'y établir.

8. Le commandant et autres officiers qui, en conformité des articles 1 et 2, rempliront les fonctions des états-majors des places, dans les quartiers et lieux où seront leurs régimens, pourront s'absenter sur les congés et permissions ordinaires, sans que lesdites fonctions y puissent mettre obstacle; ils y seront en ce cas remplacés par les officiers supérieurs et officiers-majors les plus anciens en grade après eux.

TITRE XXXIV.

Des citadelles, forts et châteaux.

ART. 1er. Les gouverneurs et commandans des citadelles, forts et châteaux, rendront compte de tous les objets relatifs au service, aux officiers-généraux dans le district desquels se trouveront leurs places, ou à leur défaut, au commandant de la province.

2. On donnera aux troupes qui composeront la garnison des citadelles, forts et châteaux, les mêmes fournitures qu'à celles qui tiendront garnison dans les villes, et elles se conformeront, envers les gouverneurs et commandans desdites citadelles, forts et châteaux, à tout ce qui est ordonné à l'égard des gouverneurs et commandans des places.

3. Les gouverneurs ou commandans des citadelles, forts et châteaux, quand même ils commanderoient dans les villes et places auxquelles lesdites citadelles, forts et châteaux sont attachés, ne pourront en tirer la garnison ou partie d'icelle, sans un ordre exprès de Sa Majesté, hors le seul cas de nécessité urgente pour la sûreté et conservation desdites villes et places, auquel cas elle leur permet de faire ou laisser sortir le tiers de leur garnison, et jamais davantage, sur les ordres ou réquisition par écrit qu'ils en recevront du commandant en chef de la province, de l'officier-général commandant dans le district, ou du commandant de la place.

4. Lesdits gouverneurs ou commandans des citadelles, forts et châteaux, n'y laisseront entrer aucunes troupes que celles qui y seront envoyées par l'ordre exprès de Sa Majesté, à moins qu'elle n'en eût donné le pouvoir spécial au commandant de la province.

5. Les gouverneurs et autres commandans particuliers dans les villes, ne pourront prétendre aucun commandement dans les citadelles, forts et châteaux qui en dépendent, s'ils n'en sont en même temps gouverneurs.

6. Seront néanmoins obligés les commandans des citadelles, forts, châteaux et réduits, d'envoyer tous les jours un officier-major, et à son défaut, un sergent, prendre le mot de celui, quel qu'il soit, et de quelque grade qu'il se trouve, qui commandera dans la ville; mais ils pourront le changer immédiatement après que les portes de communication desdites citadelles, forts, châteaux et réduits avec la ville, auront été fermées, quand même le gouverneur seroit dans la ville, pourvu toutefois que lesdites citadelles, forts, châteaux et réduits soient séparés de la ville par un fossé ou pont-levis.

7. Les commandans des citadelles, forts, châteaux et réduits, ne souffriront point qu'aucun étranger y réside sans la permission du roi ou du commandant de la province.

8. Ils n'y laisseront entrer aucuns ballots, coffres ni

caisses fermés, à qui que ce soit qu'ils appartiennent, sans les avoir fait ouvrir et visiter.

9. Ils ne feront jamais ouvrir les portes de secours qu'en leur présence et dans des cas pressans, dont ils rendront compte au commandant de la province.

10. A l'égard des portes de communication avec les villes, elles seront fermées au soleil couchant, et ne seront ouvertes le matin qu'après le soleil levé.

11. Il restera toujours dans les citadelles, forts ou châteaux, un tiers des officiers de la garnison, indépendamment de ceux qui seront de garde.

12. On ne pourra recevoir ni retenir en prison dans une citadelle, fort ou château, aucun officier d'une autre garnison, ni aucun particulier, quel qu'il soit, sans un ordre exprès de Sa Majesté ou du commandant de la province, lequel ne donnera lesdits ordres que dans des cas urgens, dont il informera sur-le-champ le secrétaire d'état ayant le département de la guerre.

13. Le service se fera d'ailleurs dans les citadelles, forts et châteaux, comme il est prescrit pour toutes les places de guerre.

TITRE XXXV.

De la conservation des fortifications et bâtimens militaires.

ART. 1er. Les officiers des états-majors des places et les ingénieurs veilleront à l'exécution des ordonnances concernant la conservation des fortifications, et à ce qu'il ne soit bâti aucunes maisons et clôture de maçonnerie dans les faubourgs et aux avenues des places, plus près de deux cent cinquante toises de la palissade du chemin couvert; défendant Sa Majesté à toutes personnes, de quelque qualité et condition qu'elles soient, de contrevenir à ses intentions à cet égard, sous peine de désobéissance, et de la démolition et du rasement desdites maisons ou jardins, sans aucun dédommagement.

2. Ils tiendront pareillement la main à ce qu'il ne

soit fait aucun chemin, levée ou chaussée, ni creusé aucun fossé à cinq cents toises près de leur place, sans que l'alignement en ait été auparavant concerté avec l'ingénieur en chef de ladite place, lequel, dans tous les cas, sera tenu de prendre les ordres du directeur des fortifications.

3. L'ingénieur en chef ne pourra faire construire aucune pièce nouvelle de fortification, ouvrir la place ni en interrompre l'entrée pour des réparations, sans en avoir auparavant informé le commandant de ladite place.

4. Lorsque les soldats de la garnison seront employés aux travaux des fortifications, soit de leur propre gré et par convention avec l'entrepreneur, soit y étant commandés, ils seront aux ordres seuls des ingénieurs qui auront la conduite desdits travaux, et leur obéiront, de même qu'à l'entrepreneur et à ses commis, en tout ce qui concernera l'ouvrage; et en cas de désobéissance, mutinerie et autre faute de cette espèce de la part de quelqu'un desdits soldats, l'ingénieur le fera arrêter par la garde la plus prochaine, et en rendra compte sur-le-champ à l'ingénieur en chef, qui en informera le commandant de la place.

5. Tout bourgeois ou paysan qui sera employé aux travaux de la fortification, sera assujetti à la même discipline, et puni de même que le soldat lorsqu'il se trouvera en faute, et il sera conduit dans la prison militaire; mais si le délit étoit grave, et méritoit une punition plus grande que deux fois vingt-quatre heures de prison, le commandant de la place et l'ingénieur en chef en rendront compte au commandant de la province et au secrétaire d'état ayant le département de la guerre, conformément à ce qui a été prescrit par l'article 14 du titre XIX.

6. Un officier de l'état-major de la place et un ingénieur ordinaire, feront ensemble, tous les mois, la visite des bâtimens à l'usage des troupes, des corps-de-garde, guérites et palissades, pour constater l'état des réparations à y faire, en distinguant les dégradations qui auront été faites par les troupes.

7. Lorsqu'une voiture, passant sur les ponts, aux portes ou aux barrières, y fera quelque dégradation, la garde l'arrêtera et la fera ranger de manière qu'elle n'embarrasse pas le passage ; le commandant de la garde en fera avertir aussitôt le major de la place, qui de son côté fera aussi avertir l'ingénieur en chef, et la voiture avec les chevaux ne sera point relâchée que la dégradation n'ait été payée par le voiturier.

8. Il sera posé trois serrures à chaque porte des magasins à poudre, avec différentes clefs, dont l'une sera gardée par le gouverneur ou commandant de la place, une autre par l'officier principal d'artillerie, et la troisième par le garde-magasin, en sorte qu'aucun d'eux ne puisse y entrer sans la participation des deux autres ; et dans les places où il n'y aura point d'officier d'artillerie, il n'y aura audit magasin que deux serrures.

9. Les jardins et arbres fruitiers qui se trouveront dans l'enceinte des magasins à poudre, seront totalement détruits ; et on ne souffrira point qu'il y soit planté ni arbres ni légumes, ni qu'il y entre aucune personne que celles qui y sont nécessaires pour le service des magasins.

10. Il n'y aura pareillement aucuns jardins ni arbres fruitiers dans tous les ouvrages extérieurs des places.

11. Les sentinelles veilleront à ce qu'aucuns bestiaux ne pâturent sur les remparts, dans les fossés, demi-lunes et autres ouvrages, ni sur les glacis ; voulant Sa Majesté que ceux qui y seront saisis par les soldats, cavaliers ou dragons de garde, soient confisqués à leur profit, quand il sera bien constaté qu'ils auront été arrêtés dans l'enceinte desdits ouvrages.

12. Défend Sa Majesté aux officiers-majors des places, de faire labourer ni semer sur les remparts, bastions et autres ouvrages, fossés, chemins couverts et glacis desdites places ; leur permettant seulement d'en faire couper l'herbe deux fois l'an, en prenant les précautions nécessaires pour ne causer aucun dommage.

13. Enjoint expressément Sa Majesté aux ingénieurs de veiller à l'exécution des articles précédens.

TITRE XXXVI.

Des émolumens des états-majors des places.

Art. 1er. Du produit de tous les émolumens que Sa Majesté veut bien accorder aux lieutenans de roi, majors, aide-majors et sous-aide-majors de ses places, il sera fait une seule et unique masse, laquelle sera partagée entre lesdits officiers-majors, de manière que le lieutenant de roi ait le double du major, le major le double d'un aide-major, et l'aide-major le double d'un sous-aide-major.

L'intention de Sa Majesté étant que les émolumens des gouverneurs desdites places, soit qu'ils y résident ou qu'ils n'y résident pas, restent dans l'état où ils ont toujours été.

2. Ces émolumens, ainsi que le partage qui en doit être fait entre lesdits lieutenans de roi, majors, aide-majors et sous-aide-majors, seront constatés par les états que Sa Majesté a arrêtés et qu'elle fera adresser aux commandans des provinces en même temps que la présente ordonnance, pour commencer à avoir lieu du premier janvier de la présente année : enjoignant Sa Majesté aux gouverneurs ou commandans en chef dans les provinces, et aux intendans en icelles, d'y tenir exactement la main, chacun en ce qui les concernera.

3. Le produit des fumiers des chevaux des cavaliers et dragons, hussards et troupes légères étant établis dans les casernes, soit qu'il appartînt ci-devant aux villes ou aux majors des places, sera réuni à l'avenir à la masse des seize deniers pour linge et chaussure du cavalier et du dragon; bien entendu que les fourches et pelles nécessaires pour nettoyer les écuries, seront prises sur ladite masse.

4. Les officiers qui seront nommés aux emplois vacans, ne pourront rien prétendre aux émolumens desdits emplois, pendant tout le temps qu'ils seront restés vacans, lesdits émoulemens devant être réunis à la

masse pour augmenter le traitement des officiers-majors de la place, d'un même grade ou d'un grade inférieur à l'emploi vacant, qui auront fait le service pendant la vacance de l'emploi.

5. Les officiers des états-majors des places ne pourront recevoir aucune rétribution des troupes de la garnison, sous prétexte de fauteuils, chevaux de ronde, écrivains, droits de sortie de prison, abonnement de café, et sous tel autre titre que ce puisse être : Ordonne Sa majesté à tous les officiers généraux employés en chef ou autrement, de veiller et de tenir la main à ce qu'il ne se passe aucun abus à cet égard.

6. Lesdits officiers des états-majors des places ne pourront lever ni exiger aucune chose quelconque, soit en nature ou en argent, sur les bois, vin, bière et autres denrées qui se consomment dans les villes et places, et qui y entrent ou en sortent, ni obliger les bouchers à leur donner les langues des bœufs, moutons et autres bestiaux qu'ils tuent, s'ils ne sont autorisés à percevoir ces droits par les états arrêtés par Sa Majesté, des arrêts du conseil ou autres décisions particulières de Sa Majesté.

TITRE XXXVII.

Des droits et prérogatives de differens corps de troupes.

Gendarmerie.

Art. 1ᵉʳ. La gendarmerie étant dans une place de guerre, y fera le service comme la cavalerie légère, montera la garde à cheval, et fournira des détachemens, soit pour aller à la guerre, soit pour les escortes, découvertes et patrouilles.

2. Elle fera aussi le service à pied, quand les circonstances et la sureté de la place l'exigeront, de même

qu'il est prescrit à la cavalerie légère, avec la diffé-
rence néanmoins que les gendarmes, soit à pied, soit
à cheval, ne monteront point la parade sur la place
avec la garde de la garnison, mais qu'ils s'assembleront à leurs quartiers, d'où ils défileront aux postes
fixes qui leur seront destinés, sans être sujets à d'autres inspections que celles des officiers-majors de leur
corps, et sans escadronner, manœuvrer, ni être mêlés
dans aucun cas avec d'autres troupes.

3. Les troupes de gendarmerie, en arrivant dans une
place de guerre, se rendront directement à leurs quartiers, sans être obligées de se former sur la place
d'armes.

4. Lorsque les commis des fermes se présenteront à une
troupe de gendarmerie, pour faire la visite de la contrebande, l'intention de Sa Majesté est que le commandant de cette troupe en fasse l'inspection en présence
des employés des fermes, et qu'il remette auxdits employés la contrebande qui pourra se trouver sur les
gendarmes ou sur les chevaux.

A l'égard des valets et des équipages du corps, les
employés auront la liberté de les fouiller, en présence
d'un officier.

5. Le logement sera fourni aux officiers supérieurs
de la gendarmerie, conformément aux grades de mestre-
de-camp de cavalerie ou de lieutenant-colonel, tels
qu'ils sont attachés à leurs charges.

Il en sera usé de même pour les autres officiers de ce
corps.

6. Le logement des gendarmes se fera chez les personnes exemptes ou non exemptes, privilégiées ou non
privilégiées, en observant néanmoins de n'asseoir le
logement chez les personnes exemptes qu'autant qu'il
ne s'en trouveroit pas assez de convenables chez les
personnes non exemptes : voulant cependant Sa Majesté que les ecclésiastiques, les gentilshommes et officiers militaires ne soient sujets au logement des gendarmes, pour les maisons qu'ils occupent personnellement, que dans les cas d'une nécessité indispensable.

7. Le major, l'aide-major ou sous-aide-major de la

gendarmerie prendra directement le mot du commandant de la place , recevra l'ordre et le détail du service
du major de la place , et le rendra ensuite au cercle
particulier de ce corps, qui sera formé par les brigadiers et sous-brigadiers des compagnies , et non par les
maréchaux-des-logis.

8. La gendarmerie ne fournira de sentinelles qu'aux
prisons, aux magasins , aux arsenaux et au trésorier ;
les officiers - généraux ou commandans des places ne
pouvant exiger de ce corps , ni sentinelles , ni détachemens d'escortes honoraires.

9 La gendarmerie se conformera à ce qui est porté
au titre X de la présente ordonnance, concernant l'heure
de la retraite et les patrouilles , à moins que le commandant de la place n'ait donné une permission particulière aux gendarmes de se retirer plus tard.

10. Les gendarmes n'assisteront point aux exécutions , ni en corps , ni par détachement.

11. La gendarmerie exercera sa justice et discipline
particulière , ainsi qu'elle est établie dans son corps.

12. Il ne sera assemblé aucun conseil de guerre pour
la gendarmerie, sans un ordre particulier de Sa Majesté , et la sentence rendue ne pourra être exécutée
qu'elle ne lui ait été renvoyée pour la confirmer, com-
muer la peine portée, ou faire grace au coupable , suivant que S. M. le jugera à propos.

13. Les gendarmes disposeront des fumiers de leurs
chevaux.

14. Les officiers-majors de la gendarmerie mettront
le scellé sur les effets de la succession des officiers de
ce corps, et en feront l'inventaire et la vente, à l'exé-
clusion de ceux des places.

15. Entend Sa Majesté, que sous prétexte de ces dis-
tinctions ou tel autre que ce soit , les gendarmes ne
puissent se dispenser d'obéir aux officiers , soit d'infanterie , de cavalerie ou de dragons des autres troupes
de la garnison , en tout ce qui leur sera ordonné par
eux pour le service de Sa Majesté.

Gardes françaises et suisses.

16. Le logement des officiers des régimens des Gardes françaises et suisses, sera établi, suivant leur grade, chez les personnes exemptes ou non exemptes, conformément à ce qui est prescrit par l'article 6 pour les officiers de la gendarmerie.

17. Les régimens des Gardes françaises et suisses, en arrivant dans une place de guerre, se rendront directement à leurs quartiers, sans être obligés de se former sur la place d'armes.

La publication des bans leur sera faite par leurs officiers-majors.

Les officiers entreront à cheval à la tête de leur troupe, qui sera conduite par un officier-major de leur corps.

18. Les officiers et sergens des Gardes françaises et suisses, commandés pour monter la garde aux postes qui leur seront affectés, tireront leurs postes entre eux et séparément des autres troupes, et ils seront commandés, pour le service, par les officiers-majors de leur corps.

19. Les détachemens fournis par ces deux régimens, ne monteront point la parade sur la place ; ils s'assembleront à leurs quartiers pour se rendre directement à leurs postes, et ne seront inspectés que par les officiers de leur corps.

20. Lorsque dans une place où il n'y aura point de compagnies du régiment des Gardes françaises, il s'en trouvera du régiment des Gardes suisses avec d'autres troupes, les deux premières compagnies françaises de la garnison prendront la droite sur lesdites compagnies des Gardes suisses, et feront le service avec elles comme feroient les compagnies des Gardes françaises.

21. Ces régimens ne fourniront de sentinelles qu'à leur corps-de-garde, aux postes qu'ils occuperont, aux prisons, aux magasins, aux arsenaux et au trésorier, mais ils n'en fourniront jamais aux commandans des places.

22. Lorsqu'un sergent des régimens des Gardes françaises ou suisses, relèvera un officier d'un autre régiment dans un poste, cet officier sera tenu de donner lui-même la consigne au sergent du régiment des Gardes.

23. Le major ou aide-major des régimens des Gardes françaises et suisses prendra directement le mot du commandant de la place; il recevra l'ordre et le détail du service de la place du major de ladite place, et le rendra ensuite au cercle particulier de ces corps.

24. Lorsque les régimens des Gardes françaises et suisses seront en garnison dans les places, un capitaine de chacun de ces régimens fera tous les jours l'inspection des détachemens qui devront monter la garde, pour voir si ces détachemens sont complets en officiers, sergens, caporaux et soldats, et il visitera plusieurs fois, tant de jour que de nuit, les postes où lesdits détachemens monteront, pour connoître si les officiers et soldats y font le service avec l'exactitude prescrite.

25. Les commandans des gardes descendantes ne seront tenus de rendre compte qu'à l'état-major du régiment, de tout ce qui se sera passé contre la police du corps.

26. A l'égard des honneurs que lesdits régimens doivent rendre, ils se conformeront à tout ce qui leur est prescrit par le réglement du 8 décembre 1691.

27. Les régimens des Gardes françaises et suisses exerceront leur justice dans les places, ainsi qu'elle est établie dans leur corps.

Corps des grenadiers de France.

28. Lorsque le corps des grenadiers de France se trouvera dans une place, il ne montera jamais la garde que par compagnie, et il ne fournira jamais plus de six compagnies pour la garde, hors les cas de guerre ou de siége, dans lesquels il se conformera à tout ce que le commandant de la place lui prescrira pour le service de Sa Majesté.

29. Toutes les fois que le corps des grenadiers de France sera en garnison avec plusieurs régimens dans une place, il sera assigné des postes séparés aux compagnies de ce corps, sans les mêler avec les grenadiers des autres régimens, et dans aucun cas avec les fusiliers.

30. Les fourriers, sergens et caporaux du corps des grenadiers de France feront toujours cercle à part pour recevoir l'ordre et le mot.

31. Ce corps ne fournira point de travailleurs et ne fera point de corvées, à moins qu'il ne soit seul.

Régimens étrangers.

32. Les régimens suisses et étrangers ayant leur justice particulière, pourront tenir leurs conseils de guerre, dans les places, chez leur commandant, à la prison ou en tel autre endroit qu'ils jugeront convenable, et les majors de ces régimens instruiront les procès des soldats de leurs corps, selon les formes usitées dans leur nation, à l'exclusion de ceux des places.

33. Les commandans de ces régimens ne pourront cependant assembler le conseil de guerre qu'après en avoir obtenu la permission du commandant de la place; et ils seront tenus d'envoyer audit commandant un officier, pour l'informer du jugement et lui demander la permission de le faire exécuter suivant leur usage.

34. Les officiers desdits régimens étrangers, qui ont leur justice particulière, ne seront point tenus de se trouver à d'autres conseils de guerre qu'à ceux de leur régiment.

35. Les majors desdits régimens mettront le scellé sur les effets de la succession des officiers de ces régimens, et en feront l'inventaire et la vente par préférence à ceux des places; à l'égard de l'épée desdits officiers, elle appartiendra au major de la place à l'exclusion du majora du régiment étranger, lorsque le convoi desdits officiers étrangers aura reçu les honneurs militaires par les soins du major de la place; à la réserve cependant de l'épée des officiers des régimens suisses et grisons, qui restera entre les mains du major du régiment.

Troupes légères.

36. Les troupes légères se conformeront, pour le service qu'elles auront à faire dans les places; si c'est à cheval, à tout ce qui est ordonné pour la cavelerie; et si c'est à pied, à tout ce qui est ordonné pour l'infanterie.

TABLE

DES TITRES.

8**.

FIN DE LA TABLE.

TABLE ANALYTIQUE
DES MATIÈRES.

A.

B.

D.

M.

O.

art. 40, 42, 43 et 44.—Ce qu'ils doivent faire en sortant
de prison, tit. 20, art. 45. — Officiers de cavalerie qui
monteront la garde à pied ; comment armés, titre 21,
article 81.—Où placés pour la garde, titre 21, article 82.
— Qui auront contracté des dettes ; comment punis,
titre 21, article 146. — Qui auront des dettes au départ
d'une troupe ; comment punis, tit. 32, art. 25.

Officiers-généraux. Leur autorité dans les provinces, sur les
places, les habitans et dans le plat pays, tit. 1, art. 3 et
4. — A qui appartient le commandement, s'il y en a
plusieurs, tit. 1, art. 5.—Ne pourront rien entreprendre
sur les droits de la justice ordinaire, titre 1, art. 10. —
N'auront aucun commandement, s'ils n'ont des lettres
de service, tit. 1, art. 14. — Leurs fonctions et services,
titre 2, art. 1. — Tiendront la main à l'exécution du
réglement de l'habillement, tit. 20, art. 19.

Officiers-majors des places, ne pourront faire entre eux d'arrangement pour le service, tit. 2, art. 3.—Auront l'épée
à la main à la tête des troupes, tit. 2, art. 10.—Ne pourront s'absenter pour plus de quatre jours sans congé,
tit. 2, art. 13.

Officiers municipaux, seront prévenus par les aide-majors
des régimens de l'arrivée d'une troupe, tit. 3, art. 3. —
Recevront l'état du régiment et la route par le quartier-
maître, tit. 3, art. 4.—Informeront les habitans des défenses portées, tit. 4, art. 6.—L'un d'eux assistera à la
visite des maisons sujettes au logement, titre 5, art. 4.—
Instruiront les commissaires des guerres de la variation
des logemens, tit. 5, art. 7.—Ordonneront l'entretien des
logemens, tit. 5, art. 8. — Comment punis dans la sur-
charge des logemens, tit. 5, art. 53.—Défenses de les insulter ou frapper, tit. 5, art. 62 et 63.

Officiers supérieurs des régimens, employés pour la visite
des postes, tit. 8, art. 11.—Commandés de service ; comment le feront, tit. 9, art. 11 ; tit. 16, art. 1 et suivans.—
L'un d'eux se trouvera à l'assemblée des gardes, titre 21,
art. 80.—Quand et comment feront l'inspection générale
des gardes, titre 21, art. 84. — Comment disposeront et
feront marcher la garde, titre 21, articles 87, 88, 89 et 90.
— Doivent faire la visite des casernes ou logemens, et
comment, tit. 21, art. 109 et suiv.—Feront tous les mois
la visite des havre-sacs ; comment feront réparer ce qui
manquera, tit. 21, art. 141, 142 et 143.-Veilleront à ce que
les auberges soient payées régulièrement, tit. 21, art. 144.

Ordre. Comment sera pris par les postes de l'intérieur, tit.
11, art. 97 et 98.—Par les postes extérieurs, tit. 11, art. 99.

T.

De l'Imprimerie de MAGIMEL, rue Christine, n° 2.

DÉCRET IMPÉRIAL

Relatif à l'Organisation et au Service des États-Majors des Places.

Au Palais des Tuileries, le 24 décembre 1811.

NAPOLÉON, EMPEREUR DES FRANÇAIS, Roi d'Italie, Protecteur de la Confédération du Rhin, Médiateur de la Confédération Suisse, etc., etc., etc.

Sur le rapport de notre ministre la guerre ;

Notre Conseil d'Etat entendu ;

NOUS AVONS DÉCRÉTÉ ET DÉCRÉTONS ce qui suit :

TITRE PREMIER.

Organisation de l'Etat-Major des Places.

CHAPITRE Ier.

Institution et Traitement des Emplois.

§. Ier. *Dispositions générales.*

ART. 1er. L'état-major des places fait partie de l'état-major des divisions territoriales militaires, et forme une section de l'état-major général de l'armée.

2. Il y aura dans chaque place de guerre, un état-major permanent et ordinaire, composé d'un *commandant d'armes*, et du nombre d'officiers et employés nécessaire au service et au détail de la place.

3. En cas de siége ou de circonstances particulières, le commandement en chef pourra, comme par le passé, être confié à des *gouverneurs* ou *commandans supérieurs*, pour la durée du siége ou des circonstances.

§ II. *Des Gouverneurs et Commandans supérieurs.*

4. Les gouverneurs sont nommés par l'Empereur,

1

et reçoivent des lettres-patentes qui déterminent leur rang et leur traitement.

Les formules de ces lettres-patentes seront déterminées et soumises à notre approbation par notre ministre de la guerre.

5. Les généraux en chef, dans le rayon de leur armée, pourront, en cas d'urgence et de motifs graves dont ils rendront compte, donner des commandans supérieurs aux places menacées. Hors ce cas, les commandans-supérieurs sont nommés par l'Empereur. Ils reçoivent de simples lettres de service, qui leur assignent leur rang et leur traitement. Ils ne peuvent recevoir ni prendre le titre de gouverneur.

§. III. *De l'Etat-Major permanent et ordinaire des Places.*

6. Les emplois de l'état-major des places sont déterminés et classés, et les traitemens et frais de bureau attachés à ces emplois, sont et demeurent fixés comme il suit :

EMPLOIS.	CLASSES.	GRADES CORRESPONDANS.	TRAITEMENS.	FRAIS de bureau.
Commandans d'armes.	1re	Général de brigade.	9,000 fr.	3,000 fr.
	2^e	Colonel	6,000	1,500
	3^e	Major	4,800	900
	4^e	Chef de bataillon . .	3,600	600
Adjudans de places.	1re	Major	3,600	300
	2^e	Chef de bataillon.	3,000	240
	3^e	Capitaine	2,400	120
	4^e	Lieutenant. . . .	1,800	60
Secrétaires-archivistes.	1re	Capitaine	2,100	»
	2^e	Lieutenant. . . .	1,500	»
	3^e	Sous-lieutenant. .	1,200	»
	4^e	Adjudant	900	»
Portiers-consignes.	1re	Sergent-major . .	600	»
	2^e	Sergent	540	»
	3^e	Caporal-fourrier.	480	»
	4^e	Caporal	420	»

* Les adjudans ne reçoivent ces frais de bureau que quand ils sont détachés pour commander une citadelle, fort ou château, conformément à l'art. 7 ci-après.

7. Dans les citadelles, forts et châteaux où nous ne jugerons point convenable d'établir des commandans d'armes, il continuera d'être détaché des adjudans de place, avec le simple titre et les fonctions de *commandant*.

Dans les places de 1re et de 2e classe, un adjudant de 1re ou de 2e classe sera chargé des détails du service, avec le rang et le titre de *major de place*.

Dans les places de 3e et 4e classe où il ne sera point établi d'adjudant, les secrétaires-archivistes en feront les fonctions, autant que le service du secrétariat le permettra.

Dans les citadelles, forts ou châteaux qui ne sont commandés que par des adjudans, un portier-consigne de première ou de seconde classe, remplira les fonctions de secrétaire-archiviste.

Dans les places hors d'entretien, et considérées comme simples postes, et dans les citadelles, forts et châteaux où nous ne jugerons point convenable d'établir à demeure des commandans d'armes ni des adjudans, il sera établi un portier-consigne de première ou de seconde classe, pour y remplir les fonctions de secrétaire-archiviste sous les commandans temporaires, et rendre compte de tout ce qui intéresse la police militaire et la conservation du poste, soit au commandant d'armes de la place voisine, si le poste en dépend, ou au commandant du département, si le poste est isolé.

Dans les places où la manœuvre des portes d'eau et la police des passages de canaux et rivières obligent de donner aux portiers-consignes des aides-bateliers, ces aides seront nommés par décision spéciale du ministre de la guerre, et recevront un traitement égal à la moitié de celui des portiers-consignes auxquels ils sont attachés.

8. La répartition des emplois dans les places de guerre, citadelles, forts et châteaux, aura lieu conformément au tableau qui nous sera incessamment présenté par notre ministre de la guerre.

Les villes de garnison non fortifiées, ou non conservées sur le tableau des places de guerre, dans les-

quelles il sera entretenu des états-majors, seront clas-
sées particulièrement, conformément à un second tableau qui nous sera semblablement présenté par notredit ministre.

9. Les frais de bureau des commandans sont spécialement affectés à la dépense des effets et fournitures de
bureau de leur cabinet, du secrétariat et des archives
de la place, des corps-de garde et des aubettes de
portiers-consignes.

10. Dans les places en état de siége, les traitemens et frais de bureau sont augmentés d'une moitié
en sus.

11. Dans ce même cas, et sauf les réductions déterminées par la durée du siége et l'état des magasins,
ils reçoivent les rations de vivres, chauffage et fourrages, déterminées ci-après ;

	VIVRES et CHAUFFAGE.	FOURRAGES.
Commandans d'armes { 1re et 2e classes.	5	4
{ 3e et 4e classes.	4	3
Adjudans de place... { 1re et 2e classes.	4	3
{ 3e et 4e classes.	3	2
Secrétaires-archivistes. . . . . . . , . . .	2	»
Portiers-consignes et aides-bateliers. . .	1	»

CHAPITRE II.

Du Logement et de l'Indemnité de logement.

12. Lorsque nous aurons nommé un gouverneur dans
une des principales places de guerre ou villes de notre
Empire, notre ministre de la guerre en donnera sur-
le-champ avis au préfet du département, qui trans-
mettra de suite au sous-préfet et au maire les ordres
nécessaires pour qu'il soit préparé au gouverneur, dans
une maison particulière et meublée, un logement con-

forme aux instructions du ministre, en suivant, autant que possible, les règles établies par notre décret du 27 février 1811, sur le logement dû aux présidens des cours d'assises.

Des ordres analogues seront adressés aux directeurs des fortifications, pour les forteresses non habitées, ou dans lesquelles la commune est hors d'état de fournir un logement convenable.

Les mêmes dispositions sont applicables au logement des commandans supérieurs, tel qu'il sera déterminé par notre ministre de la guerre.

13. Le logement du commandant d'armes, celui du secrétaire-archiviste, le secrétariat et les archives de la place, seront établis dans un bâtiment militaire, domanial ou communal, situé sur la place d'armes ou près des casernes et des points de rassemblement des troupes.

14. Les autres officiers et employés de l'état-major des places, seront, autant que possible, logés en nature; les adjudans, près du commandant; les portiers-consignes et les aides-bateliers, dans le voisinage des portes.

15. Les commandans et secrétaires-archivistes, jusqu'à l'exécution de l'article 13 seulement, et les autres officiers ou employés de l'état-major des places, lorsqu'ils ne pourront être logés en nature, recevront les indemnités de logement suivantes :

Commandans d'armes. . . .	1re classe. . . .	1200 fr.
	2e *idem.* . . .	600
	3e *idem.* . . .	540
	4e *idem.* . . .	480
Adjudans de place.	1re classe. . . .	480
	2e *idem.* . . .	420
	3e *idem.* . . .	240
	4e *idem.* . . .	210
Secrétaires archivistes. . . .	1re classe. . . .	210
	2e *idem.* . . .	186
	3e *idem.* . . .	150
	4e *idem.* . . .	120

$$\text{Portiers-consignes.} \quad \ldots \begin{cases} 1^{\text{re}} \text{ classe.} \ldots \\ 2^{e} \text{ idem.} \ldots \\ 3^{e} \text{ idem.} \ldots \\ 4^{e} \text{ idem.} \ldots \\ \text{Aides-bateliers.} \end{cases} \begin{matrix} \Big\} \ 120\,\text{fr.} \\[6pt] \Big\} \ 108 \\[6pt] \ \ 96 \end{matrix}$$

16. Les commandans, officiers et employés qui se-roient logés en nature, mais sans meubles, recevront, pour indemnité d'ameublement, le tiers de l'indemnité de logement.

CHAPITRE III.

De l'Uniforme, des Honneurs et Préséances, et de l'Enregistrement des lettres et commissions.

———

§. Ier. *De l'Uniforme.*

17. L'uniforme de l'état-major des places restera tel qu'il est déterminé par le réglement général du 1er vendémiaire an 12 (*Chapitre IV, planche 6*), sauf les modifications indiquées dans les articles sui-vans.

18. Le fond de l'uniforme de l'état-major des places, quant aux étoffes, coupes et couleurs, sera le même pour tous les emplois.

19. Les commandans, officiers et employés de l'état-major des places, seront distingués par des broderies ou galons du dessin et de la largeur déterminés par le réglement de l'an 12, sans aucune marque distinctive des grades.

20. Les gouverneurs porteront le grand uniforme des commandans d'armes de première classe, brodé sur toutes les tailles, avec l'écharpe de soie blanche moirée, à frange d'or, et semée d'étoiles d'or.

Les commandans supérieurs porteront l'uniforme de commandant d'armes de la classe déterminée dans leurs lettres de service, avec la ceinture de soie blanche moirée, à franges d'or, sans étoiles.

Les commandans d'armes porteront la ceinture de commandement, en soie rouge moirée, à franges d'or.

Les adjudans de place commandant les citadelles, forts et châteaux, porteront la même ceinture unie, avec les franges de leur grade.

Les secrétaires-archivistes seront distingués par une épée et une plume en sautoir, brodées en or et sans cadre, sur le sein gauche.

Les portiers-consignes auront sur la poitrine un médaillon portant une épée et une clef en sautoir.

§. II. *Des Honneurs et Préséances.*

21. Les gouverneurs et les commandans supérieurs seront traités, pour les préséances et les honneurs civils et militaires, comme les officiers généraux ou supérieurs de leur grade en activité de service, et employés dans les divisions militaires, suivant la hiérarchie des emplois et du commandement, et d'après les règles spéciales qui seront déterminées, soit dans les lettres-patentes et de service, soit dans les instructions de notre ministre de la guerre.

Les commandans d'armes des places de première classe auront une sentinelle tirée des grenadiers : pour ceux des autres classes, elle sera tirée des fusiliers. Les honneurs et préséances des commandans et adjudans demeurent réglés pour tout le reste par notre décret du 24 messidor an 12, titre XVIII.

§. III. *De l'Enregistrement des lettres et commissions.*

22. Les lettres patentes des gouverneurs seront enregistrées, à leur présentation, au greffe de la cour impériale et au secrétariat de la préfecture.

Les lettres de service et commissions des commandans supérieurs, commandans d'armes, officiers et employés de l'état-major des places, seront enregistrées, à leur présentation, au greffe du tribunal de

première instance et au secrétariat de la sous-préfec-
ture.

Lorsque les gouverneurs, commandans, officiers ou
employés de l'état-major des places, seront envoyés
dans une place en état de siége ou menacée, les lettres
et commissions seront simplement enregistrées au greffe
des principales autorités civiles et judiciaires qui se
trouveront dans la place.

Les portiers-consignes, en leur qualité de consignes
ou agens de la police militaire, de gardiens des clefs et
des portes, et de concierges des forts où il ne se trouve
ni commandans ni adjudans, prêteront serment devant
le tribunal; et foi sera ajoutée en justice à leurs rapports et procès-verbaux dûment affirmés, conformément à ce qui est prescrit pour les gardes des fortifications et autres gardes du domaine de l'Etat.

Les autorités supérieures informeront celles qui leur
sont subordonnées, de l'accomplissement des formalités
prescrites par le présent article, et leur recommande-
ront en même temps de se conformer aux dispositions
du présent décret et des ordonnances qui s'y trouvent
rappelées, dans tout ce qui concerne les rapports de la
police militaire avec la police judiciaire ou civile.

CHAPITRE IV.

De l'Avancement et des Retraites.

23. Les commandans, officiers et employés de l'état-
major des places, seront pris, soit parmi ceux d'un
emploi ou d'une classe inférieure, soit parmi les officiers-généraux ou de l'état-major, et les officiers ou
sous-officiers des troupes qui se seront le plus distingués
dans la guerre de siége ou dans le commandement des
places conquises.

Les commandans, officiers et employés de l'état-
major des places, seront récompensés de leur service,
en cas de siége, par leur avancement à un emploi ou
à une classe supérieurs, ou par les décorations militaires.

24. Ils pourront passer d'une place à l'autre, sur leur demande ou d'après les besoins du service.

Notre ministre de la guerre, spécialement en temps de guerre, et dans les places de première ligne, fera remplacer sans délai les commandans, officiers et employés qui ne conserveroient pas toute l'activité nécessaire au service, à la police, et contre les surprises ou les attaques auxquelles la place est exposée.

25. Les commandans d'armes, officiers et employés de l'état-major des places, seront admis à la retraite, dans les mêmes cas et suivant les mêmes règles que les autres militaires. Le temps de leur service dans les places leur sera compté comme temps d'activité; chaque siége ou blocus, comme une campagne; et chaque attaque de vive force, s'ils la repoussent, comme action d'éclat.

TITRE II.

Du Commandement et de la Subordination.

CHAPITRE Ier.

Des Gouverneurs et Commandans supérieurs.

26. Les gouverneurs ou commandans supérieurs des places y prennent le commandement en chef, de droit et en vertu de leur titre, quand même leurs lettres-patentes ou de service n'en contiendroient point la mention expresse.

Le commandant d'armes conserve, sous leurs ordres et d'après leurs instructions, le commandement de l'état-major ordinaire, et tout le détail du service et de la police. Ils ne peuvent en être privés que par une décision expresse de notre ministre de la guerre, si ce n'est en cas d'urgence et de motifs graves, et à la charge d'en informer sur-le-champ notredit ministre.

27. Les rapports de subordination des gouverneurs ou commandans supérieurs, sont les mêmes que ceux qui seront réglés au chapitre suivant, pour les com-

1.**

mandans d'armes, sauf les exceptions déterminées dans les lettres-patentes ou de service.

CHAPITRE II.

Des Commandans d'armes.

---

§. Ier. *Rapport avec les Généraux des divisions territoriales.*

28. Les généraux commandant la division territoriale ou le département peuvent, lorsqu'ils se trouvent ou résident dans une place de guerre, en prendre le commandement supérieur, suivant les règles établies ci-dessus, article 26.

29. Lorsque ces officiers-généraux ne se trouvent pas où ne résident pas dans la place, le commandant d'armes correspond habituellement avec le général commandant le département.

En temps de guerre, si la place est assiégée, bloquée ou menacée d'un siége, d'un blocus ou d'une attaque de vive force, le commandant d'armes correspond, par tous les moyens qui sont en son pouvoir, soit avec le général de la division, soit avec le ministre de la guerre, à qui dans ce cas il doit des comptes directs et journaliers.

30. Lorsque le général commandant le département quitte ou s'absente, et n'a point de successeur désigné, le général divisionnaire en réunit le commandement à celui d'un des autres généraux de brigade employés dans la division.

A défaut de généraux de brigade, le général divisionnaire réunit le commandement des départemens à celui de la division, et correspond directement avec les commandans d'armes.

S'il ne reste que des officiers supérieurs dans une division où il y ait un ou plusieurs commandans d'armes de première classe, ce commandant, et s'ils sont plusieurs, le plus ancien de grade ou d'emploi prend le commandement par intérim de la division, jusqu'à ce que le ministre y ait envoyé un officier-général.

Mais dans ce cas il ne quitte point sa place, et si quelque événement imprévu, telle qu'une descente, une invasion ou un rassemblement illicite, oblige à faire marcher les troupes, il se borne à donner ses ordres à l'officier de la ligne ou de l'état-major le plus élevé ou le plus ancien en grade, qui prend le commandement des troupes.

Les mêmes règles s'appliqueront au cas où, par un concours de circonstances imprévues, il ne se trouveroit dans les divisions militaires que des officiers d'un grade inférieur à celui des commandans d'armes des autres classes.

§. II. *Rapport avec les Généraux des armées et les Commandans des troupes autres que celles de la garnison.*

31. Lorsqu'un général commandant une armée, un corps d'armée, une division ou une brigade, aura une place de guerre dans son commandement, et s'y trouvera, il pourra y prendre le commandement supérieur, conformément à ce qui est prescrit par l'article 26.

Lorsque ces officiers généraux ne se trouveront point dans la place, le commandant correspondra avec eux, en même temps qu'avec les généraux de la division territoriale, et suivant les mêmes règles.

32. Lorsqu'un officier général ou supérieur commandant un corps de troupes, se trouvera à leur tête dans l'intérieur ou dans le rayon d'une place forte, sans lettre de commandement, il n'y prendra point le commandement supérieur.

Il conservera le commandement immédiat et la police directe de sa troupe, dans l'intérieur du casernement, du camp ou du cantonnement qu'elle occupera : mais il fera, sur la demande du commandant d'armes, publier les bans, établir les postes et donner les consignes nécessaires à la conservation et à la police de la place. Ces postes passeront sous les ordres du commandant : les officiers ou soldats isolés seront soumis à sa surveillance ; en cas de désordre, il les fera arrêter, et en préviendra le général commandant.

Si la place est assiégée ou bloquée, l'officier-général ou supérieur ne prendra point le commandement ; il se bornera à déférer aux demandes du commandant d'armes, pour l'emploi de ses troupes en faveur de la défense, et, le siége ou le blocus levé, il suivra sa destination.

33. Les dispositions précédentes s'appliqueront aux officiers généraux et supérieurs qui ne commandent point de troupes et passent ou se trouvent renfermés dans une place. Ils n'y prendront le commandement supérieur qu'autant qu'ils y seroient autorisés par leurs lettres de service.

§. III. *Rapports avec les Commandans des troupes de la garnison, de l'artillerie et du génie, et avec les Commissaires des guerres.*

34. Les commandans des troupes de la garnison tant que la place n'est point assiégée, en conservent l'administration intérieure ; ils en exercent immédiatement la police dans l'enceinte du casernement, sous la surveillance du commandant d'armes, et conformément aux ordonnances : hors des casernes, ils sont, ainsi que leur troupe, soumis aux ordres et à l'autorité immédiate du commandant d'armes, dans tout ce qui tient à la conservation, au service et à la police de la place.

En cas de plainte, si le commandant de la troupe est d'un grade supérieur, le commandant d'armes en fait son rapport ; et le général commandant la division ou le département inflige, s'il y a lieu, les peines de discipline, ou ordonne les poursuites relatives au délit.

Il n'est rien changé dailleurs à l'ordonnance du 1er mars 1768, à la loi du 10 juillet 1791, et aux autres lois et réglemens concernant le service des troupes dans les places et quartiers, et la police des casernes, cantonnemens et logemens chez l'habitant.

35. Les directeurs d'artillerie et du génie, l'inspecteur ou sous-inspecteur aux revues, et le commissaire-ordonnateur, lorsqu'ils résident dans une place de guerre, sans être attachés au service unique et spécial de la place, n'y sont soumis qu'aux consignes générales. Le commandant ne peut ni les empêcher de vaquer au service des autres places, ni, en cas de plainte, leur infliger aucune peine de discipline : dans le dernier cas, il se borne à rendre compte au général commandant le département, qui en réfère au général divisionnaire, lequel en écrit, s'il y a lieu, à notre ministre de la guerre.

Les mêmes dispositions s'appliquent aux officiers d'un grade supérieur, chefs de service et autres fonctionnaires militaires, qui passent, séjournent ou résident dans les places sans y être attachés.

36. Les commandans d'artillerie et du génie attachés à la place, tant qu'elle n'est point assiégée, y conservent la surveillance et direction de l'artillerie et des fortifications, et l'administration des travaux qui s'y exécutent d'après le budget ou d'après les ordres de notre ministre de la guerre ;

Mais ils doivent au commandant d'armes,

1°. De lui remettre la situation de leur personnel et de leur matériel aux époques déterminées par les réglemens, et plus souvent si le service l'exige ;

2°. De l'accompagner dans la visite des ouvrages, établissemens ou magasins, et de lui mettre sous les yeux tous les documens propres à l'éclairer ;

3°. De le prévenir toutes les fois qu'ils doivent commencer de nouveaux ouvrages, et de ne les entreprendre, lorsqu'ils ouvrent la place, qu'après qu'il a fait toutes les dispositions qu'exige la police ou la sûreté ;

4°. De le prévenir semblablement, et de lui désigner l'officier qui les supplée, lorsqu'ils sont forcés de s'absenter pour vaquer à un service extérieur, tel que la visite des forts, batteries de côtes et autres ouvrages éloignés qui dépendent de la place.

1 ***

En cas de plainte, si le commandant de l'artillerie ou du génie est d'un grade supérieur, ou si le sujet de la plainte est relatif aux travaux, le commandant d'armes en refère au général commandant le département, et ce dernier au général de division, lequel, après avoir pris l'avis du directeur d'artillerie ou des fortifications, requiert d'eux, s'il y a lieu, la punition, ou rend compte du tout à notre ministre de la guerre.

37. Le commissaire des guerres attaché à la place conserve, suivant les mêmes règles, et sous l'autorité de l'ordonnateur, la direction des services qui lui sont confiés.

En cas de plainte, le commandant d'armes en rend compte au général commandant le département, et ce dernier au général divisionnaire, lequel, s'il y a lieu, requiert l'ordonnateur de le punir, ou en refère à notre ministre-directeur de l'administration de la guerre.

38. En cas de siége, l'autorité du gouverneur, du commandant supérieur ou du commandant d'armes est absolue, et s'étend même sur l'administration intérieure des corps, sur les travaux et les divers services. En conséquence, les commandans des troupes d'artillerie et du génie, et le commissaire des guerres, sont tenus de prendre les mesures d'administration intérieure, d'exécuter les travaux et de faire toutes les dispositions de service que le commandant juge à propos de leur prescrire, dans l'intérêt de la défense.

§. IV. *Rapports avec les Commandans des cita-delles, forts et châteaux.*

39. Les commandans d'armes des places de guerre exercent les fonctions de commandant supérieur à l'égard des commandans d'armes des citadelles, forts, châteaux et autres fortifications qui dépendent de la place.

Les commandans titulaires desdites citadelles et autres postes de même nature, y conservent le commandement immédiat, suivant les règles établies par l'article 26 du présent décret, et par le titre XXXIV de l'ordonnance du 1er mars 1768, sur le service des places.

CHAPITRE III.

Du commandement provisoire ou temporaire des Places.

40. En cas d'absence ou de départ du commandant d'armes, sans qu'il y ait de successeur désigné par lettres de service, les majors de place et les adjudans commandent avant tout les officiers du même grade.

41. Lorsqu'il se trouve dans la place des officiers d'un grade supérieur au major ou aux adjudans, le commandement est réglé par le grade et l'ancienneté de grade, sauf les exceptions suivantes.

42. Conformément aux anciennes ordonnances (*Henri III, Etats de Blois, art.* 276; = *Louis XIII, janvier* 1629), nul ne peut commander dans une place française s'il n'est Français.

Dans les garnisons composées de troupes françaises et auxiliaires, les officiers français concourent seuls et entre eux pour le commandement.

43. Dans les garnisons composées d'infanterie et de troupes à cheval, à grade égal, l'officier d'infanterie commande.

44. Dans tous les cas, le secrétaire-archiviste conserve ses fonctions, et ne concourt jamais pour le commandement.

CHAPITRE IV.

Du Commandement et de la Subordination des officiers et employés de l'Etat-Major des Places.

45. Les adjudans de place commandans des citadelles, forts et châteaux, y exercent, dans les limites de leur grade et conformément aux règles des chapitres précédens, les mêmes fonctions que les commandans d'armes.

46. Les majors de place commandent aux autres adjudans.

47. Les adjudans donnent les ordres et consignes au nom du commandant : ils peuvent, en cas d'urgence, donner d'eux mêmes, et sauf à rendre compte, sur-le-champ des ordres et consignes provisoires ; et les chefs des postes ou des corps sont tenus de s'y conformer.

48. Les secrétaires - archivistes, pour tout ce qui tient au service de la place, sont sous les ordres immédiats du commandant d'armes, et du major, d'après les ordres ou en l'absence du commandant.

Pour la conservation et la comptabilité des papiers de la place, ils sont sous la surveillance immédiate de notre ministre de la guerre, qui déterminera, dans un réglement spécial, le mode de surveillance et de comptabilité des archives de l'état-major des places et leurs rapports avec les archives générales de la guerre et des fortifications.

49. Les portiers-consignes sont sous les ordres des majors et adjudans, pour le service et la police des portes, et sous la surveillance des secrétaires archivistes, pour tout ce qui concerne les rapports écrits, et la tenue des registres de consigne.

Les chefs de postes sont tenus de déférer aux appels et réquisitions des portiers-consignes, dans tout ce qui tient à l'exécution des ordres et consignes pour la police des portes et passages.

TITRE III.

Des Fonctions et Obligations.

CHAPITRE Ier.

Dispositions générales.

50. Les places de guerre, relativement à leur service et à leur police, continueront d'être considérées sous trois rapports, savoir, dans l'*état de paix*, dans l'*état de guerre* et dans l'*état de siége*, conformément aux articles 5, 6, 7, 8, 9, 10, 11 et 12, titre Ier de

la loi du 10 juillet 1791, et sauf les modifications établies ci-après.

51. L'*état de paix* a lieu toutes les fois que la place n'est point constituée en état de guerre ou de siége par un décret de l'Empereur ou par l'effet des circonstances prévues dans les articles suivans.

Les fonctions et obligations des commandans d'armes et de leurs états-majors sont alors soumises aux règles établies ci-après, chapitre II.

52. L'*état de guerre* est déterminé par l'une des circonstances suivantes,

1°. En temps de guerre, lorsque la place est en première ligne sur la côte, ou à moins de cinq journées de marche des places, camps et positions occupés par l'ennemi;

2°. En tout temps, par des travaux qui ouvrent la place, lorsqu'elle est située sur les côtes, ou en première ligne;

Par des rassemblemens formés dans le rayon de cinq journées de marche, sans l'autorisation des magistrats;

Par un décret de l'Empereur, lorsque les circonstances obligent de donner plus de force et d'action à la police militaire, sans qu'il soit nécessaire de mettre la place en état de siége.

Dans ces différens cas, les fonctions et obligations des commandans d'armes sont soumises aux règles établies ci-après, chapitre III.

53. L'*état de siége* est déterminé par un décret de l'Empereur, ou par l'investissement, ou par une attaque de vive force, ou par une surprise ou par une sédition intérieure, ou enfin par des rassemblemens formés dans le rayon d'investissement, sans l'autorisation des magistrats.

Dans le cas d'une attaque régulière, l'état de siége ne cesse qu'après que les travaux de l'ennemi ont été détruits et les brèches mises en état de défense.

Dans ces différens cas, les fonctions et obligations des commandans d'armes sont soumises aux règles établies ci-après, chapitre IV.

CHAPITRE II.

De l'Etat de paix.

----

§. Ier. *Du Service et de la Police des Places sur le terrain militaire.*

1°. *Définition et limites du terrain militaire.*

54. Dans les places de guerre et dans les faubourgs, postes et camps retranchés qui font partie des fortifications permanentes, le *terrain militaire* comprend,

1°. La zone des fortifications entre les limites intérieures de la rue du rempart et les bornes extérieures des glacis, conformément aux articles 13, 14, 15, 16, 17, 18, 19, 20 et 21, titre Ier de la loi du 10 juillet 1791;

2°. Les bâtimens, établissemens et terrains militaires désignés dans l'article 14, titre III, et dans l'article 1er, titre IV de ladite loi.

55. Dans les citadelles, forts et châteaux, et dans les ouvrages extérieurs ou détachés des places de guerre, le *terrain militaire* comprend tout l'espace occupé ou renfermé par les fortifications jusqu'aux bornes extérieures des glacis, conformément aux articles 20 et 21, titre Ier de la même loi.

2°. *Du Service et de la Police des portes et autres issues de la Place.*

56. Conformément à l'article 48, titre III de la loi du 10 juillet 1791, les clefs de toutes les portes, poternes, vannages et autres ouvertures qui donnent entrée dans la place, sont sous la garde et la responsabilité personnelle du commandant d'armes.

57. Il veille et pourvoit, sous sa responsabilité, à la stricte observation des règles prescrites par l'ordonnance du 1er mars 1768, titres XI et XII,

1°. Pour la garde des clefs, et l'ouverture ou la fermeture des portes et autres issues de la place;

2°. Pour le service et la police desdites portes et issues pendant leur ouverture.

58. Nous nous réservons de déterminer, sur le rapport de notre ministre de la guerre,

1°. Les places de troisième classe dont les ponts, portes et barrières, conformément à l'art. 29, titre Ier de la loi du 10 juillet 1791, seront entretenus par les communes; et celles où, en vertu de l'art. 40, elles pourront substituer aux ponts, des levées en terre;

2°. Les places où, conformément à l'art. 49, titre III de ladite loi, la communication pourra, dans l'état de paix, être établie à certaines portes, de nuit comme de jour, pour la facilité du commerce, et pour la commodité des voyageurs ou des habitans;

3°. Les places aux portes desquelles il sera établi des consignes civils, conformément à l'article 50 du même titre et de la même loi.

3°. Du Service et de la Police des fortifications, bâtimens, établissemens et terrains militaires.

59. Le commandant d'armes donne les ordres et consignes, établit les postes et sentinelles, prescrit les rondes et patrouilles, et fait lui-même les visites nécessaires à la conservation et à la police des fortifications, bâtimens, établissemens et terrains militaires, de l'artillerie et de tout le matériel qui s'y trouve, conformément à l'ordonnance du 1er mars 1768 sur le service des places, aux titres Ier et II de la loi du 10 juillet 1791, au réglement du 22 germinal an 4, et à nos décrets des 23 avril 1810 et 16 septembre 1811, sur la police des fortifications et des bâtimens militaires.

60. Le commandant d'armes tient la main et veille en personne, et par les officiers de son état-major, à l'exécution des lois, ordonnances et réglemens sur l'assiette et la police du casernement, sur le service des hôpitaux et des autres établissemens militaires.

4°. Du Service et de la Police des Travaux militaires.

61. Le commandant d'armes, conformément à l'article 3, titre XXXV de l'ordonnance de 1768, ne

laissera construire aucune pièce nouvelle de fortification, ni ouvrir la place, ni en interrompre l'entrée pour
des réparations, qu'après avoir pris, de concert avec le
commandant du génie, les mesures nécessaires à la police ou à la sûreté de la place et à la discipline de la
garnison.

62. Le commandant d'armes pourvoit, en ce qui le
concerne, à la police, à la protection et à la plus prompte
exécution des travaux militaires, conformément à l'ordonnance du 1er mars 1768, au titre VI de la loi du 10
juillet 1791, et aux réglemens du 3 avril 1744 et du
25 frimaire an 2.

63. Le commandant d'armes tiendra la main à ce qu'il
ne soit construit sur le terrain militaire aucun bâtiment
ou autres travaux publics ou particuliers, qu'après avoir
été prévenu d'office par le commandant du génie, que
lesdits travaux sont bien et dûment autorisés, et en avoir
réglé l'exécution sous le rapport de la conservation et
de la police de la place, conformément à ce qui est prescrit pour les routes par notre décret du 4 août 1811.

Réciproquement, lorsque les travaux des fortifications, ou tous autres objets du service militaire, exigeront, soit l'interruption momentanée des communica-
tions publiques, soit quelques manœuvres d'eau extraordinaires, ou toute autre disposition non usitée qui
intéressera les habitans, le commandant d'armes et le
commandant du génie ne pourront les ordonner, hors
le cas d'urgence, qu'après en avoir prévenu le maire,
et pris avec lui les mesures convenables pour que le
service public n'en reçoive aucun dommage.

5°. *Des Rapports de la Police militaire avec la Police*
judiciaire et civile.

De la Police et des Délits militaires.

64. Le commandant d'armes fait arrêter sur le terrain militaire, et punit des peines de discipline ou renvoie devant les tribunaux militaires, les personnes, qui
par leur qualité ou par la nature des délits, sont soumises à cette discipline ou justiciables de ces tribunaux.

65. Le commandant d'armes fait arrêter, en cas de flagrant délit, les particuliers qui dégradent les ouvrages ou bâtimens militaires, ou qui commettent sur le terrain militaire des délits contre la police de la place et la discipline des garnisons.

Il donne les ordres et consignes nécessaires pour faire mettre en fourrière les animaux qui dégradent les fortifications, où qui s'y trouvent en contravention à l'article 12, titre Ier de la loi du 10 juillet 1791.

Les prévenus, en cas d'arrestation, et, dans tous les cas, les rapports et procès-verbaux constatant les délits dont il s'agit, seront renvoyés par le commandant d'armes aux officiers de police civile ou judiciaire, qui feront sur-le-champ l'instruction.

Les maires, juges de paix et tribunaux prononceront, sans délai, les peines portées par le Code pénal pour les délits ordinaires, dans les cas analogues, savoir:

Pour les dégradations commises aux ouvrages et bâtimens, les peines portées contre les dégradations des monumens, ouvrages et autres dépendances du domaine public;

Pour les autres délits contre la police de la place ou la discipline de la garnison, les peines portées contre les contraventions ou délits qui tendent à troubler l'ordre public ou à exciter la sédition.

Nos Cours impériales, nos procureurs impériaux et nos préfets tiendront la main à l'exécution de ces dispositions.

66. Lorsque la garnison recevra un ordre subit de départ, ou quand elle sera foible et ne pourra fournir les postes et sentinelles indispensables à la police et à la conservation de la place, le service de la place se fera en tout ou en partie par la garde municipale ou par la garde nationale de la commune et de l'arrondissement.

Les maires et sous-préfets seront tenus de déférer aux réquisitions des commandans d'armes, provisoirement et jusqu'à ce qu'un ordre définitif de service ait pu être concerté entre le général commandant la division et le préfet.

Les postes et détachemens fournis par la garde municipale ou par la garde nationale, en conséquence du
présent article, passeront sous les ordres du commandant d'armes, pendant toute la durée de leur service.

De la Police et des Délits ordinaires.

67. Pour les délits ordinaires, toute personne prise
en flagrant délit ou poursuivie par la clameur publique,
aux portes de la ville ou sur toute autre partie du terrain militaire, y sera sur-le-champ arrêtée, soit par les
postes et sentinelles, soit par les officiers de police civile ou judiciaire, soit même par les particuliers, sans
qu'il soit besoin d'une autorisation préalable du commandant d'armes, lequel en sera d'ailleurs et de suite
informé.

68. Hors les cas prévus dans l'article précédent, nul
ne peut pénétrer, sans l'autorisation du commandant
d'armes, dans l'intérieur des bâtimens ou établissemens
militaires et des terrains clos qui en dépendent, ni sur
les parties des fortifications autres que celles qui sont
réservées à la libre circulation des habitans, en vertu
de l'article 28 de la loi du 10 juillet 1791.

En conséquence et hors lesdits cas, les officiers de
police civile et judiciaire s'adresseront, pour la pour-
suite des délits ordinaires, au commandant d'armes,
qui prendra de suite et de concert avec eux, les mesures nécessaires pour la répression du désordre, et s'il
y a lieu, pour l'arrestation des prévenus.

69. Le commandant d'armes veille lui-même et de
son propre mouvement, et pourvoit, conformément
à l'article 15, titre III de la loi du 10 juillet 1791, à
ce qu'aucune partie du terrain militaire ne devienne
un lieu d'asile pour le crime et le désordre; en conséquence il donne les ordres et consignes nécessaires pour
y prévenir les délits de toute espèce; il y fait arrêter
les prévenus, et les renvoie, s'il y a lieu, devant le
officiers de police judiciaire ou civile, conformémen
aux dispositions de ladite loi, et spécialement de
titres III, IV et VI.

§. II. *Du Service et de la Police des Places dans l'intérieur et dans le rayon d'attaque.*

1°. *Définition et limites du Rayon extérieur des Places.*

70. Le *rayon d'attaque* des places s'étend sur la zone du terrain extérieur, comprise entre les bornes des glacis et les points où seroient établis, en cas de siége, les dépôts et la queue des tranchées de l'ennemi, à la distance d'un kilomètre (500 toises) de la crête intérieure du parapet des chemins-couverts les plus avancés, conformément aux articles 29 et 34, titre Ier d la loi du 10 juillet 1791, à notre décret du 13 fructidor an 13, et à notre décret du 9 décembre 1811.

71. Dans l'état de paix, le rayon ordinaire ou d'attaque est le seul qui soit soumis à la police militaire, conformément aux règles établies dans le reste du présent paragraphe.

Mais le commandant d'armes doit étudier le terrain, ses accidens ou ses ressources en cas de siége, et rendre compte au général commandant la division ou le département, de tous les événemens qui intéressent l'État,

1°. Dans le rayon d'investissement jusqu'aux limites du terrain le plus favorable à l'assiette du camp, du parc et des lignes de circonvallation de l'ennemi;

2°. Dans le rayon d'activité de la garnison, jusqu'aux points où le commandant peut et doit, quand la place est menacée, envoyer des partis ou pousser des reconnoissances, suivant les règles prescrites par le titre XVII de l'ordonnance du 1er mars 1768 sur le service des places;

3°. Sur la frontière, dans les cas prévus par l'art. 26, titre V de l'ordonnance du 31 décembre 1776, et par notre décret du 13 fructidor an 13.

2°. *Police des constructions et autres travaux civils ou particuliers.*

72. Le commandant d'armes veille à ce qu'il ne soit fait, dans le rayon d'attaque de la place, ni fouilles,

ni constructions ou reconstructions, ni levées ou dépôts de terres et décombres, quels qu'en soient l'objet et la nature, si ce n'est avec les autorisations et dans les cas prévus par les articles 29, 30, 31, 32, 34 de la loi du 10 juillet 1791, par nos décrets du 13 fructidor an 13, et des 20 février et 20 juin 1810, et par notre décret du 9 décembre 1811.

73. Lorsqu'en vertu de l'art. 28 du titre V de l'ordonnance de 1776, de l'art. 30, titre Ier de la loi du 10 juillet 1791, et de notre décret du 9 décembre 1811, notre ministre de la guerre aura ordonné la démolition des constructions, le comblement des fouilles, ou l'enlève-ment des dépôts faits dans le rayon d'attaque, au préjudice de la défense et en contravention aux lois, le commandant d'armes prendra sur le-champ les mesures nécessaires pour l'exécution desdits ordres, et la protégera par tous les moyens qui sont en son pouvoir.

74. Nos commandans d'armes donneront les ordres et consignes nécessaires pour faire arrêter et conduire devant eux, tout individu qui, en contravention à l'article 41, titre Ier de la loi du 10 juillet 1791, exécuteroit des opérations de topographie dans le rayon kilométrique, ou qui feroit la reconnoissance de la place, de ses ouvrages extérieurs et de ses approches.

Si la personne arrêtée est domiciliée, et justifie qu'elle opère pour le service public ou pour celui des propriétaires, elle sera simplement renvoyée au commandant du génie, pour lui communiquer l'objet des opérations et en recevoir l'autorisation d'usage.

Dans le cas contraire, elle sera détenue et jugée conformément au Code pénal militaire.

75. Dans l'intérieur de la place, en deçà de la rue du rempart ou du terrain qu'elle doit occuper, les constructions, fouilles, dépôts, opérations et autres objets du service public ou particulier, sont uniquement réglés par les lois et ordonnances de voirie et de police municipale.

Seulement l'autorité civile ne peut supprimer ou retracer les rues qui servent de communication directe entre la place d'armes, les bâtimens ou établissemens

militaires et la rue du rempart, qu'après que les pro-
jets en ont été concertés conformément aux règles établies par nos décrets du 13 fructidor an 13 et des 20 février et 20 juin 1810.

La même disposition s'applique aux rues, carrefours
et places qui environnent les bâtimens ou établissemens
militaires, ou qui sont consacrés par le temps et l'usage
aux exercices ou rassemblemens des troupes.

3°. *Police des rassemblemens et passages.*

76. Le commandant d'armes exerce, de concert avec
l'autorité civile, la police des rassemblemens et passages
ordinaires dans l'intérieur et le rayon de la place, conformément aux règles établies par les titres XI et XIX
de l'ordonnance du 1er mars 1768, et par le titre III
de la loi du 10 juillet 1791.

77. Dans les rassemblemens ou passages extraordinaires ou imprévus, mais licites et déterminés par des
événemens ou des circonstances qui ne constituent point
la place en état de guerre, le commandant d'armes, outre les mesures prescrites et rappelées dans l'article précédent, fera, de concert avec l'autorité civile, toutes les
dispositions nécessaires à la police militaire de la place.

78. Dans les cas prévus par les articles précédens,
le maire et le sous-préfet mettront à la disposition du
commandant d'armes, le nombre d'hommes de la garde
municipale, ou de la garde nationale, nécessaire pour
suppléer au défaut ou à l'insuffisance de la garnison.

79. Le service et la police de la place, en cas d'incendie, seront prévus et concertés à l'avance, entre le
maire et le commandant d'armes.

Outre les dispositions prescrites ou rappelées dans
les articles précédens, le commandant d'armes prendra toutes les mesures nécessaires, soit à la police et à
la sûreté de la place, soit à l'ordre et à la protection
des manœuvres et travaux qui ont pour objet d'éteindre
et de couper l'incendie.

A cet effet, il mettra à la disposition du commandant
du génie, les travailleurs de la garnison que ce dernier
lui demandera.

Les travaux des troupes et des ouvriers militaires seront dirigés par le commandant du génie, de concert avec l'ingénieur civil, l'architecte de la commune et le chef des pompiers, s'il en existe.

Le commmnadant d'armes et le maire veilleront et pourvoiront à ce qu'aucune autre personne ne s'immisce dans l'indication ou la direction des travaux et manœuvres, et ne trouble ou n'entrave celles qu'ils auront ordonnées.

80. Les dispositions de l'article précédent s'appliqueront aux inondations et autres accidens publics, spécialement dans les places sujettes aux débordemens périodiques des fleuves et rivières.

4°. *Relations de la Police militaire avec la Police judiciaire et civile.*

81. Les délits qui, par leur nature ou par la qualité des prévenus, sont du ressort de la police ou des tribunaux militaires, seront poursuivis, dans l'intérieur et dans le rayon de la place, par le commandant d'armes, de concert avec les officiers de police civile et judiciaire qui feront arrêter conformément aux lois, et renverront devant lui, les prévenus, lorsqu'ils se seront réfugiés dans l'intérieur des établissemens publics ou des maisons particulières.

82. Sur la réquisition des officiers de police civile ou judiciaire, le commandant prêtera main-forte pour la répression des délits ordinaires et pour l'exécution des ordonnances et jugemens des tribunaux.

Hors ce cas, il ne s'immiscera point dans l'exercice de la police et de la justice ordinaire.

§. III. *Devoirs des Commandans d'armes relatifs à la défense de la Place.*

83. Tout commandant doit considérer sa place comme susceptible d'être attaquée ou insultée à l'improviste, et de passer subitement de l'état de paix à l'état de guerre ou de siége.

En conséquence, il établira, même dans l'état de paix, son plan de service et de défense, suivant les hypothèses d'attaque les plus probables, et déterminera pour les principaux cas, ses postes et ses réserves, les mouvemens des troupes, l'action et le concours de tous les corps et de tous les services.

Il rédigera, d'après ces bases, ses instructions en cas d'alarme, et s'assurera de leur exécution, conformément au titre XVIII de l'ordonnance du 1er mars 1768.

84. Il réunira, dans ce même but, les divers élémens de sa défense, et s'attachera particulièrement à bien connoître la situation,

1°. De l'intérieur de la place, des fortifications, bâtimens ou établissemens militaires, et du terrain extérieur dans les rayons d'attaque, d'investissement et d'activité;

2°. De la garnison, de l'artillerie et des munitions ou approvisionnemens de toute espèce;

3°. De la population à nourrir en cas de siége, des hommes capables de porter les armes, des maîtres et compagnons ouvriers susceptibles d'être employés en cas d'incendie ou pour les travaux; et des subsistances, des matériaux, des outils et des autres ressources que la ville et le pays qui l'environne peuvent fournir, ou dont il convient de s'assurer dans l'état de siége.

85. Les renseignemens concernant la population et les ressources de la place, seront donnés par le maire au commandant d'armes.

86. Notre ministre de la guerre prendra les mesures nécessaires pour qu'il soit déposé successivement au secrétariat de nos places, pour le service des commandans d'armes;

1°. Un plan de la place contenant tous les détails de l'intérieur, de la fortification et du terrain extérieur dans le rayon d'attaque;

2°. Une carte des environs, dans le rayon d'investissement;

3°. Une carte générale (gravée ou manuscrite, qui s'étende non-seulement dans le rayon d'activité de la place, mais encore jusqu'aux places voisines, et jusqu'à la frontière ou à la côte, s'il s'agit d'une place de première ligne;

4°. Un mémoire de situation et de défense, qui fasse

2 *

connoître l'état et les propriétés de la place et de ses
ouvrages, et ses rapports avec les places voisines, et
avec la guerre offensive ou défensive ;

5°. Un exemplaire de l'instruction du 14 thermidor
an 7, et des meilleurs ouvrages connus sur la défense
des places ;

6°. Un exemplaire du présent décret, que notre ministre de la guerre fera imprimer, à cet effet, avec l'extrait des ordonnances, lois et décrets en vigueur, qui
s'y trouvent rappelés ou qui s'y rapportent.

87. Ces plans, mémoires, instructions et ouvrages,
ainsi que les états de situation et les autres documens
relatifs au service et à la défense de la place, seront en-
registrés sur les inventaires de la place, conservés et
communiqués, conformément aux ordonnances et réglemens sur les plans et papiers des fortifications.

88. Les commandans s'assureront fréquemment et
par eux-mêmes,

1°. Que toutes les portes et issues de la place sont
dans un bon état de fermeture ;

2°. Qu'il n'existe ni brèches aux ouvrages, ni ouvertures praticables dans les murs extérieurs des souterrains et casemates, et des portes ou poternes con-
damnées.

En cas de brèche et d'ouverture, ils requerront le
commandant du génie de pourvoir à la clôture de la
place par des travaux définitifs ou provisionnels, et
feront de leur côté placer les postes et les sentinelles
nécessaires à la police et à la sûreté de la place.

89. Ils tiendront la main à l'exécution du titre XXII
de l'ordonnance du 1er mars 1768, et des articles 57 et
58, titre V de l'ordonnance du 31 décembre 1776, pour
les exercices et manœuvres ordinaires des troupes, et,
toutes les fois que les circonstances le permettront, pour
les exercices et simulacres d'attaque et de défense.

90. Le commandant d'armes étant personnellement
responsable de la conservation de la place et de la tranquillité de la garnison et des habitans, ne peut, même
dans l'état de paix, coucher hors des barrières, ni s'é-
loigner le jour hors de la portée du canon, si ce n'est

avec la permission du général commandant la division, laquelle désignera toujours l'officier qui doit commander par intérim.

Lorsque les commandans d'armes seront admis à la retraite ou appelés à d'autres fonctions, ils ne pourront semblablement quitter leur place qu'après avoir remis le commandement à leur successeur ou à l'officier qui sera désigné pour les remplacer, soit par notre ministre de la guerre, soit par le général commandant la division.

CHAPITRE III.

De l'Etat de guerre.

91. Dans les places en *état de guerre*, le service et la police sont soumis aux mêmes règles que dans l'état de paix, sauf les exceptions et les modifications suivantes.

92. Dans les places en état de guerre, la garde nationale et la garde municipale passent sous le commandement du gouverneur ou commandant; et l'autorité civile ne peut ni rendre aucune ordonnance de police sans l'avoir concertée avec lui, ni refuser de rendre celles qu'il juge nécessaires à la sûreté de la place ou à la tranquillité publique.

93. Dans toute place en état de guerre, l'autorité civile est tenue de concerter avec le commandant d'armes les moyens de réunir dans la place en cas de siége,

1°. Les ressources nécessaires à la subsistance des habitans et de la garde nationale;

2°. Les ressources que le pays peut fournir pour les travaux militaires et pour les besoins de la garnison.

94. Dans toute place en état de guerre, les gardes-pompiers, s'il en est établi, passent avec les pompes, machines et ustensiles, sous l'autorité du commandant d'armes.

Les ouvriers charpentiers et autres, qui peuvent servir à couper les incendies, sont syndiqués, et formés, sous leurs syndics et quatre maîtres, en compagnies, sections et ateliers.

Le service d'incendie, en cas de siége ou de bombardement, est réglé par le gouverneur ou commandant, de concert avec le commandant du génie et l'autorité civile.

95. Dans tonte place en *état de guerre*, si le ministre ou le général d'armée en donne l'ordre, ou si les troupes ennemies se rapprochent à moins de trois journées de marche de la place, le gouverneur ou commandant est, sur-le-champ et sans attendre l'*état de siége*, investi de l'autorité nécessaire,

1°. Pour faire sortir les bouches inutiles, les étrangers, et les gens notés par la police civile ou militaire;

2°. Pour faire rentrer dans la place, ou empêcher d'en sortir, les ouvriers, les matériaux, et autres moyens de travail, les bestiaux, denrées, et autres moyens de subsistance;

3°. Pour faire détruire par la garnison et la garde nationale, tout ce qni peut, dans l'intérieur de la place, gêner la circulation de l'artillerie et des troupes; à l'extérieur, tout ce qui peut offrir quelque couvert à l'ennemi et abréger ses travaux d'approche.

96. Le général commandant une armée dans le tableau de laquelle la garnison d'une place sera comprise, veillera,

1°. A ce qu'il reste dans la place la garnison nécessaire pour la garder, conjointement avec les gardes municipales et nationales;

2°. A ce qu'il s'y trouve, dans l'état de siége, une garnison suffisante.

97. Les généraux commandant nos armées, s'ils n'y sont autorisés, ne toucheront aux munitions et aux approvisionnemens des places que dans les cas d'extrême urgence. Ils y remplaceront le plutôt possible ce qu'ils en auront distrait. Ils les feront compléter par tous les moyens en leur pouvoir, lorsque la place sera menacée d'un siége.

98. Les gouverneurs, commandans d'armes, d'artillerie et du génie, et les chefs des divers services, ne pourront jamais être détachés de la place sans un ordre du ministre de la guerre.

99. Les gouverneurs ou commandans ne pourront détacher des officiers et des partis au-delà du rayon

d'investissement, que pour les reconnoissances qui importent à la sûreté de la place.

Ils ne choisiront jamais ces officiers parmi les chefs de corps ou de service; et ces partis seront toujours assez foibles pour que leur perte n'influe pas sensiblement sur la force de la garnison.

100. Les gouverneurs et commandans d'armes ne pourront, dans l'état de guerre, coucher hors des barrières, ni s'éloigner de leur place de plus d'une portée de canon, sans un ordre formel de notre ministre de la guerre.

CHAPITRE IV.

De l'Etat de siége.

101. Dans les places en état de siége, l'autorité dont les magistrats étoient revêtus pour le maintien de l'ordre et de la police, passe toute entière au commandant d'armes, qui l'exerce ou leur en délègue telle partie qu'il juge convenable.

102. Le gouverneur ou commandant exerce cette autorité ou la fait exercer en son nom et sous sa surveillance, dans les limites que le décret détermine, et si la place est bloquée, dans le rayon de l'investissement.

103. Pour tous les délits dont le gouverneur ou le commandant n'a pas jugé à propos de laisser la connoissance aux tribunaux ordinaires, les fonctions d'officier de police judiciaire sont remplies par un prévôt militaire, choisi, autant que possible, parmi les officiers de gendarmerie; et les tribunaux ordinaires sont remplacés par les tribunaux militaires.

104. Dans l'état de siége, le gouverneur ou commandant détermine le service des troupes, de la garde nationale, et celui de toutes les autorités civiles et militaires, sans autres règles que ses instructions secrètes, les mouvemens de l'ennemi et les travaux de l'assiégeant.

105. Le gouverneur ou commandant consulte les commandans des troupes, de l'artillerie et du génie, l'inspecteur aux revues et le commissaire des guerres, seuls ou réunis en *conseil de défense.*

Dans ce dernier cas, le secrétaire-archiviste tient la plume, et constate, dans le registre des délibérations du conseil, l'avis commun ou les opinions respectives de ses membres, qui peuvent y consigner, sous leur signature, tous les développemens qu'ils jugent à propos d'ajouter au procès-verbal.

Mais le gouverneur ou commandant décide seul, et contre les avis du conseil ou de ses membres, lesquels restent secrets.

Faisons au conseil et à ses membres défense expresse de laisser transpirer aucun objet de délibération, ou leur opinion personnelle sur la situation de la place.

106. Indépendamment du registre des délibérations du conseil de défense, il sera tenu particulièrement par le gouverneur ou commandant de la place, par les commandans de l'artillerie et du génie, et par les chefs des divers services, un journal sur lequel seront transcrits, par ordre de date, et sans aucun blanc ni interligne, les ordres donnés et reçus, la manière dont ils ont été exécutés, leur résultat, et toutes les circonstances, toutes les observations qui peuvent éclairer sur la marche de la défense.

Notre ministre de la guerre déterminera, dans une instruction spéciale, la manière dont ces journaux doivent être tenus, et les formalités nécessaires, afin qu'ils aient, ainsi que le registre du conseil de défense, la régularité et l'authenticité nécessaires pour servir à l'enquête prescrite ci-après, art. 114.

107. Outre ces registres et journaux, il y aura dans le cabinet du gouverneur ou commandant, une carte directrice des environs de la place, un plan directeur de la place, et un plan spécial des fronts d'attaque, sur lesquels le commandant du génie tracera lui-même ou fera tracer en sa présence, et successivement,

1°. Les positions occupées et les travaux exécutés par l'ennemi, à commencer de l'investissement;

2°. Les travaux de contre-approche ou de défense, et les dispositifs successifs de l'artillerie et des troupes, à mesure des progrès de l'ennemi.

108. Le gouverneur ou commandant défendra suc-

cessivement ses ouvrages et ses postes extérieurs, sa contrescarpe, ses dehors, son enceinte et ses derniers retranchemens.

Il ne se contentera pas de déblayer le pied de ses brèches, et de les mettre en état de défense par des abatis, des fougasses, des feux allumés, et par tous les moyens usités dans les siéges; mais, en outre, il commencera de bonne heure, en arrière des bastions ou des fronts d'attaque, les retranchemens nécessaires pour soutenir au corps de place un ou plusieurs assauts. Il y emploiera les habitans. Il y fera servir les édifices, les maisons et les matériaux de celles que les bombes auront ruinées.

109. Mais, dans ces défenses successives, le gouverneur ménagera sa garnison, les munitions de guerre et ses subsistances, de manière,

1°. Qu'il ait, pour les assauts et la reprise de ses dehors, et spécialement pour l'assaut au corps de place, une réserve de troupes fraîches et choisies, parmi les vieux corps et les vieux soldats de sa garnison;

2°. Qu'il lui reste les munitions et les subsistances nécessaires pour soutenir vigoureusement les dernières attaques.

110. Tout gouverneur ou commandant à qui nous avons confié l'une de nos places de guerre, doit se ressouvenir qu'il tient dans ses mains un des boulevarts de notre Empire, ou l'un des points d'appui de nos armées, et que sa reddition avancée ou retardée d'un seul jour, peut être de la plus grande conséquence pour la défense de l'Etat et le salut de l'armée.

En conséquence, il sera sourd à tous les bruits répandus par l'ennemi, ou aux nouvelles directes et indirectes qu'il lui feroit parvenir, lors même qu'il voudroit lui persuader que les armées sont battues et la France envahie, il résistera à ses insinuations comme à ses attaques : il ne laissera point ébranler son courage ni celui de la garnison.

111. Il se rappellera que les lois militaires condamnent à la peine capitale tout gouverneur ou commandant qui livre sa place sans avoir forcé l'assiégeant de

passer par les travaux lents et successifs des siéges, et avant d'avoir repoussé au moins un assaut au corps de place sur des brèches praticables. (*Circulaire de Louis XIV, du 6 avril 1705. — Loi du 26 juillet 1791. — Loi du 21 brumaire an 5, titre III, art. 1 et 2. — Arrêté du 16 messidor an 7.*).

112. Lorsque notre gouverneur ou commandant jugera que le dernier terme de sa défense est arrivé, il consultera le conseil de défense sur les moyens qui restent de prolonger le siége.

Le présent paragraphe y sera lu d'abord à haute et intelligible voix.

L'avis du conseil ou les opinions de ses membres seront consignés sur le registre des délibérations.

Mais le gouverneur ou commandant seul prononcera, et suivra le conseil le plus ferme et le plus courageux s'il n'est absolument impraticable.

Dans tous les cas il décidera seul de l'époque, du mode et des termes de la capitulation.

Jusques-là, sa règle constante doit être de n'avoir avec l'ennemi que le moins de communication possible et de n'en tolérer aucune.

Dans aucun cas, il ne sortira lui-même pour parlementer, et n'en chargera que des officiers dont la constance, la fermeté, le courage d'esprit et le dévouement lui seront personnellement connus.

113. Dans la capitulation le gouverneur ou commandant ne se séparera jamais de ses officiers ni de ses troupes; il partagera le sort de sa garnison après comme pendant le siége; il ne s'occupera que d'améliorer le sort du soldat et des malades et blessés, pour lesquels il stipulera toutes les clauses d'exception et de faveur qu'il lui sera possible d'obtenir.

114. Tout gouverneur ou commandant qui aura perdu une place que nous lui aurons confiée, sera tenu de justifier de la validité de ses motifs devant un conseil d'enquête.

115. Si le conseil d'enquête trouve qu'il y a lieu à accusation, le prévenu sera traduit devant le tribunal compétent, pour y être jugé conformément aux lois.

116. Si le conseil d'enquête déclare que le gouverneur ou commandant est sans reproche, et qu'il a prolongé sa défense par tous les moyens en son pouvoir, jusqu'à la dernière extrémité, il sera acquitté honorablement, et le jugement du conseil publié sur-le-champ et mis à l'ordre de l'armée et des places.

117. Tout gouverneur ou commandant qui, d'après la déclaration des conseils d'enquête, et d'après les comptes particuliers qui nous en seront parvenus, aura défendu sa place en homme d'honneur, en bon Français et en sujet fidèle, nous sera présenté par notre ministre de la guerre, dans un jour de grande parade, avec les chefs de corps et de service, et les militaires qui se seront le plus signalés dans la défense; nous réservant de leur donner nous-mêmes et en présence des troupes, les témoignages publics et les marques de notre satisfaction.

A cet effet, notre ministre de la guerre hâtera l'échange de ceux qui seroient prisonniers, et qui seront, à leur retour, rappelés de leur solde d'activité sans aucune retenue.

118. Tout gouverneur tué sur la brèche ou mort de ses blessures après une défense honorable, sera inhumé avec les mêmes honneurs que les grands officiers de la légion d'honneur ; son traitement de retraite sera reversible sur sa famille, et ses enfans obtiendront les premières places vacantes dans les institutions publiques.

Nous nous réservons de pensionner et placer dans les mêmes institutions, les enfans des militaires tués ou morts de leurs blessures dans la défense des places.

119. Les batteries, dehors et ouvrages extérieurs des fronts d'attaque de nos places de terre recevront, à l'avenir, les noms des généraux, commandans et autres militaires qui se seront illustrés dans la défense des places.

120. Dans les places de guerre qui sont en même temps ports de notre marine impériale, il n'est rien changé aux lois et usages qui règlent le service des états-majors des places, dans ses rapports avec le service de la marine.

Notre ministre de la guerre nous proposera, de concert avec notre ministre de la marine, les changemens qu'il seroit nécessaire de faire à cette partie de la législation, pour la mettre en harmonie avec les dispositions du présent décret.

121. Nos divers ministres sont chargés, chacun en ce qui le concerne, de l'exécution du présent décret, qui sera inséré au Bulletin des lois.

Signé NAPOLÉON.

Par l'Empereur :

Le Ministre-Secrétaire d'Etat, signé LE COMTE DARU.

De l'Imprimerie de MAGIMEL, rue Christine, n°. 2.

www.ingramcontent.com/pod-product-compliance
Lightning Source LLC
Chambersburg PA
CBHW070501200326
41519CB00013B/2667

* 9 7 8 2 0 1 3 0 1 7 0 6 0 *